PAUL GAUGUIN

后浪出版公司

高更

[英]艾伦·鲍内斯　[英]莱斯利·史蒂文森 著

谭子薇 译

湖南美术出版社

图书在版编目（CIP）数据

高更 /（英）艾伦·鲍内斯,（英）莱斯利·史蒂文森
著；谭子薇译 . —— 长沙：湖南美术出版社, 2020.5
ISBN 978-7-5356-9075-3

Ⅰ.①高… Ⅱ.①艾… ②莱… ③谭… Ⅲ.①高更 (G
auguin, Paul 1848—1903) – 传记 Ⅳ.① K835.655.72

中国版本图书馆 CIP 数据核字 (2020) 第 038149 号

高 更
GAOGENG

出 版 人：黄　啸
著　　者：［英］艾伦·鲍内斯　　［英］莱斯利·史蒂文森
译　　者：谭子薇
出版策划：后浪出版公司
出版统筹：吴兴元
编辑统筹：郝明慧
特约编辑：王　凯
责任编辑：贺澧沙
营销推广：ONEBOOK
装帧制造：墨白空间·张　萌
出版发行：湖南美术出版社（长沙市东二环一段 622 号）
　　　　　后浪出版公司
印　　刷：北京盛通印刷股份有限公司
　　　　　（亦庄经济技术开发区科创五街经海三路 18 号）
开　　本：635×965　　1/16
字　　数：158 千字
印　　张：8
版　　次：2020 年 5 月第 1 版
印　　次：2020 年 5 月第 1 次印刷
书　　号：ISBN 978-7-5356-9075-3
定　　价：68.00 元

读者服务：reader@hinabook.com 188-1142-1266
投稿服务：onebook@hinabook.com 133-6631-2326
直销服务：buy@hinabook.com 133-6657-3072
网上订购：https://hinabook.tmall.com/（天猫官方直营店）

与大多数画家相比，高更动荡的一生更多受其家族和童年环境的影响。人们常以为高更是位成功的商人，某天突发奇想决定要当画家，但事实绝非如此。更不同寻常的是，高更所创作的影响深远的艺术品，实际上都是为了满足他的个人诉求。有一种情愫充斥着他的生活与作品：他要重返模糊的儿时记忆中的那片乐土。找不到了，他便设法在艺术中将其重建，而付出的代价就是自我毁灭。这一切都在二十几年间不断上演，其背景是文艺复兴以来艺术史上最为浩大的一次变革。高更也许不是当中最伟大的艺术家，但他的贡献毋庸置疑是巨大的。

欧仁-亨利-保罗·高更（Eugène-Henri-Paul Gauguin）于 1848 年 6 月 7 日出生于巴黎，此时恰好处在 1848 年革命的风口浪尖上——真是个"好日子"。他的父亲克洛维斯·高更（Clovis Gauguin）时年 34 岁，是一家自由主义报社的记者，但报社很快遭到了镇压。克洛维斯出生于奥尔良，家里世世代代当菜农和做小本生意，丝毫没显示出任何艺术气质。

而克洛维斯的妻子阿琳-玛丽·沙扎尔（Aline-Marie Chazal）则与他大不相同。儿子出生时她才 22 岁，彼时家里已经添了 1 岁的女儿玛丽（Marie），也是保罗唯一的姐姐。阿琳是雕刻师安德烈·沙扎尔（André Chazal）及作家兼社会改革家弗洛拉·特里斯坦（Flora Tristan）之女。（沙扎尔和特里斯坦的婚姻可谓是一段短暂的孽缘，最后以沙扎尔企图杀妻被判入狱 20 年而告终。）

保罗受这对暴躁的夫妇影响颇深。安德烈·沙扎尔出身于雕刻世家，虽才华平庸但家境殷实。假如当时安德烈没有聘用这个后来成为他妻子的 17 岁姑娘来工作室里当着色师，或许他也能像哥哥那样在沙龙里展览作品，获得世俗意义上的成功。

弗洛拉·特里斯坦是一位年轻女士特蕾莎·莱内（Thérèse Laisnay）的私生女。对于特蕾莎的身世人们一无所知。她似乎是于法国大革命之际逃到了西班牙，但我们无从知晓她究竟是位贵族还是位冒险家。在毕尔巴鄂，她成了唐·马里亚诺·德·特里斯坦·莫斯柯索（Don Mariano de Tristan Moscoso）——一位交际广泛的西班牙龙骑兵上校——的情妇。1803 年弗洛拉出生时，他们已搬到了巴黎，两人的感情虽十分牢固，但唐·马里亚诺还来不及将自己的情妇娶进门便突然辞世。这让特蕾莎从富有突然跌入贫寒，在她穷困潦倒的余生里，她一直在试图为自己和女儿争取财产。

特蕾莎感觉自己被亏欠是有道理的。特里斯坦·莫斯柯索的家族是古老的阿拉贡贵族，也是最早到达秘鲁的西班牙占领者之一，他们在那里不断壮大势力，获得大量财富。高更认为他们曾与印加贵族通婚，当然这也并不是没有可能。唐·马里亚诺的弟弟唐·皮奥（Don Pio）参加过 19 世纪早期的秘鲁独立战争，并曾一度担任总督。在抛弃了自己那个笨蛋丈夫之后，弗洛拉曾试图投靠唐·皮奥。后者答应给自己的这个侄女一小笔津贴，也因此激起了弗洛拉远航秘鲁的念头，她希望在见到唐·皮奥本人之后能获得一笔更大数额的家族财产。

弗洛拉错了。不过这次南美之行的副产品《女贱民游记》（*Pérégrinations d'une Paria*），在 1838 年出版后给弗洛拉·特里斯坦带

图 1

保罗·高更

摄于 1873 年

来了声誉，让她从此踏入文坛。她写了一部小说，但又很快转向社会改革事业，投身于当时工人阶级的革命运动。她到法国各地参会演讲，号召城市里的无产阶级团结起来，也因此被警察暗中盯梢。这些活动使她累坏了身子，她最终于1844年11月病逝波尔多。此时，距离她本人做出巨大贡献的1848年革命爆发仅隔4年。高更十分崇拜自己的外祖母，直到过世前身旁都留着她的著作。

像欧洲许多知识分子一样，克洛维斯受1848年革命失败的影响前往新大陆。在拿破仑三世统治下的法国，自由主义记者不可能有未来。克洛维斯决定移民秘鲁并在那儿成立一家报社，这恐怕也是受了其妻的南美家族史的启发。不幸的是，年仅35岁的克洛维斯在远航至合恩角（Cape Horn）的途中心脏病发作去世，并安葬于巴塔哥尼亚（Patagonia）。年轻的寡妇阿琳别无选择，只能独自带着两个孩子继续完成这段旅程。

一抵达利马，阿琳便受到她西班牙裔的叔外公唐·皮奥的周到接待。仅在阿琳和她的两个孩子抵达几个月之后，唐·皮奥的女婿艾查尼可（Echenique）便成为了秘鲁总统，其当时在秘鲁的地位可见一斑。阿琳一家也因此置身于一片热带乐土，这里应有尽有，一家人过上了富足快乐的生活。

"我有一段特别的视觉记忆，我记得那段时光，我们所住的房子和发生的各种事情。"高更后来如此说道。刚到利马的时候，他还仅是个18个月大的婴儿，直到6岁他才离开。我们不难想象，在秘鲁留下的无法磨灭的记忆必定跟随了高更一生。他是在炽热骄阳的沐浴下长大的孩子，四周布满异域的花草，想必他也被肤色各异的亲戚和仆人们万般娇宠。负责照料阿琳和她的两个孩子的是一名黑人保姆和一名华裔男仆——秘鲁多样的种族与它夸张的服饰和色彩艳丽的建筑物相得益彰。

但忽然之间，这个世界便从小高更的眼前消失了，他被打入到法国乡间灰蒙蒙、可怜巴巴的拮据日子中。这一切发生得让他摸不着头脑——唐·皮奥家族在秘鲁内战中失了势，阿琳回到法国后，高更的爷爷也过世了，阿琳一家和克洛维斯的单身弟弟一同居住在奥尔良。高更家给了阿琳他们一小笔遗产，唐·皮奥也留给了阿琳一笔不菲的年金，但由于唐·皮奥家人的阻挠，阿琳并未能拿到这笔钱。最终阿琳去巴黎做了裁缝，把小高更留在了奥尔良的寄宿学校。

我们也就理解了高更为什么总想着要逃，他想要逃去寻找那片丢失了的儿时乐土。高更的做法非常务实，年纪一到他便出了海，这是显而易见的选择。1865年12月，三桅船卢西塔诺号从勒阿弗尔出发前往里约热内卢，船上载着17岁的高更。高更在商船队里待了2年，又在法国海军待了3年，他环游了世界，跨越了太平洋，漫游了大西洋，见证了普法战争中的海上行动。但他并没有回到秘鲁：或许是没有机会，又或许他并不想要这样的机会。

在这段漫长的旅途中，高更的母亲去世了，年仅41岁。在生命的最后几年，她的健康状况不断恶化，在圣克卢（Saint Cloud）过着半退休的生活。邻家一位富裕的银行家居斯塔夫·阿罗萨（Gustave Arosa）和其夫人十分关照阿琳和她的孩子们。在遗嘱中阿琳请阿罗萨做她孩子的合法监护人。这真是个绝佳的选择。1871 年，高更厌倦了居无定所、四处漂泊的水手生活，阿罗萨帮他在巴黎证券交易所找了一份交易员的工作。

高更很快在巴黎安定下来，过起了小资产阶级的生活。1873 年11 月，他与相识不久的一名丹麦家庭教师梅特·迦德（Mette Gad）结婚（图 2），并于 1874 年生下了他们的第一个孩子（两人共育有子女 5 人）。那时的高更作为一名商人算是小有成就，到了 1880 年，这对年轻夫妇已有能力在郊外的沃基拉德（Vaugirard）购买一幢宽敞又舒适的房子了。孩子们可以在院子里玩耍，高更也有了自己的画室。

而此时，保罗已开始投入越来越多的时间和精力在画画这一"爱好"上。他大概是从 1873 年夏天开始作画的，彼时他的未婚妻正在丹麦的老家筹备婚礼。梅特称在嫁给保罗时，她对于丈夫的绘画事业毫不知情，而我们也没理由怀疑她的说法。保罗与艺术相遇，与梅特相识，都是通过居斯塔夫·阿罗萨。阿罗萨热衷艺术，拥有大量的私人收藏——其中包括德拉克罗瓦的大量作品，以及柯罗、库尔贝、乔金德和毕沙罗的一些画作，他还收集了一些异国的陶器。阿罗萨的女儿玛格丽特（Marguerite）是位业余画家，引领保罗进入绘画领域的人很可能就是她，这也许是为了让他在梅特回老家期间打发时间。

高更的确没有接受过正式训练，在艺术学院也仅上过几节课，但必须强调的是他从 25 岁便开始作画，并在其中投入了大把的时间。此外，他还得益于艺术藏品主人才享有的极其宝贵的"指导"。效仿自己的监护人，高更开始边收藏边创作，把开拓其艺术生涯所需学习的画作全都买了下来。最初，他选择的是乔金德和毕沙罗直白的自然主义风景画，之后便开始购买具有变革性的印象派代表人士马奈、莫奈、雷诺阿和德加的作品，以及最难买也是最值得买的一位——塞尚。高更大部分的藏品是在 1879 年购下的，那一年他有的是闲钱。作为资助人，高更自己的画也更容易在印象派画展上展出。

高更早期的创作无疑极大地受到了毕沙罗的影响（图 3）。永远和蔼又慷慨的毕沙罗信任每一个人。他像威廉·莫里斯（William Morris）一样深信每个人都潜藏着艺术才能，对那些难得的天才更是独具慧眼。他的忠告与鼓励对高更、塞尚和凡·高都十分重要。

在高更一生中的决定性时刻——1882 年和 1883 年，毕沙罗也是幕后的关键人物。那时高更丢了工作，成了一名全职画家。高更做出这一决定的原因已无从考证。也许是因为 1882 年法国爆发了金融危机，众多企业破产，商业萧条，以至于高更乐观地以为卖画会更容易谋生。他之所以觉得绘画不再只是副业是有原因的——于斯曼不是在1881 年的印象派画展上尤为赞赏他的裸体画像么？他不是赢得了德加和毕沙罗的支持么？对高更 1881 年所作的雄心勃勃的人物画（彩色图版 1）产生了巨大影响的，不正是德加么？

高更靠买下同时代知名画家的作品来提高自身艺术水平的做法，最终导致其生活窘迫。1883 年 11 月，他离开了自己作为一个全职画家无法维持生计的巴黎，搬到了鲁昂。高更希望离毕沙罗近一些，在夏天一起去度假、作画已成为了俩人的习惯。然而 1884 年，画展上的多幅风景画却透露出高更对塞尚的兴趣已超过毕沙罗。眼看天赋异

图 2
高更之妻，梅特

1877 年；大理石；
考陶尔德艺术学院，伦敦

图3

缝纫的苏珊娜（裸体习作）

1880 年；布面油彩；
115cm × 80cm；
新嘉士伯艺术博物馆，哥本哈根

禀的爱徒渐行渐远，想必毕沙罗十分难过。

而塞尚却一直（且从未改变地）对高更充满怀疑，并且认为对方窃取了自己的创意。这并不使人意外，我们可以通过高更在 1881 年末写给毕沙罗的一封信来理解塞尚：

> M. 塞尚是不是已经发现了放之四海而皆准的绘画公式？假如他确实找到了这样一种公式，能把一切激烈的情感全部压缩到一个唯一的、独特的过程之中，你可得想办法喂他吃下一服神奇的药方，好让他在睡梦里把一切都交待出来，然后赶紧到巴黎来讲给我们听。

高更此时正在经历所有伟大艺术家都必须经历的自醒——吸收周围所发生的一切然后再迈出决绝的最后一步。有意思的是，在写给毕沙罗的这段半开玩笑的话中，他确实认为存在着一种神奇的绘画公式，只待有人去发现。

也许可以这样说，高更的艺术理念比起他把这理念表现在画布上的能力，要更早一步成型。在鲁昂的这一年，高更活动频繁，经济上也愈加潦倒，他决定去哥本哈根与妻子会合。梅特早已明智地看出靠丈夫卖画来养活自己和 5 个孩子是不可能的，唯一的出路是回丹麦老家，至少她还能靠做翻译和当法语教师来养家。高更跟随妻子去到丹麦，自然是无比窘迫的。孤独之中，他初次提笔画了自画像（彩色图版 3）。他也有了思考的时间，并在写给前同事修弗内克（Schuffenecker）的信中尝试找寻字句去描述他的新想法。他认为，绘画的魅力，（在于它）必须是完整的，必须能调动所有的感知。他想说的是，自然主义的方法有所欠缺，色彩、线条以及形状的重复本身就能够将情绪传达给观者。

高更并没能够马上弄清如何将这种理念付诸实践。1885 年夏，他留下梅特只身回到巴黎，继续努力创作，但十分浮躁，其间更换了多处住所。由于手头拮据，他便给西班牙革命友人帮忙，作为信差短暂地拜访了伦敦。这趟伦敦之行的意外成果便是《静物与马头》（*Still Life with Horse's Head*，彩色图版 6）的诞生。它有序地融合了希腊艺术与日本艺术，将埃尔金大理石雕（Elgin marbles）的马头雕塑并排在日本人偶和扇子旁边。有人说高更的这幅作品受到了惠斯勒"十点钟"（Ten o'clock lecture）演讲中最后一段的启迪：

> 我们只能等待，等待"神选之人"带着上帝的标记再次降临到我们中间，他将延续从前的一切。我们也应当知足，因为即便他永不到来，关于美的故事业已完成——它刻在了帕特农神殿的大理石上，并同鸟儿一道，绣在了葛饰北斋的扇子上——就在那富士山下。

惠斯勒于 1885 年 2 月在伦敦做了第一次演讲，同年晚些时候又在丹尼尔·哈莱维（Daniel Halévy）位于迪耶普（Dieppe）的家里再次演讲。高更很有可能听到了惠斯勒的演讲。1885 年夏末，高更的确

与迪耶普的艺术圈子有过来往，很可能因此了解到了惠斯勒精彩的艺术理论。

惠斯勒演讲中的这段话或许激起了高更身上弥赛亚①的潜质。从丹麦回来以后，他仿佛下定决心要成为能够传达出一些信息的画家。1885年的前卫运动毫无争议是由修拉领导的，他倡导的新印象主义和艺术科学化理论很快就吸引了众多信徒——当中便包括西涅克与已入中年的毕沙罗。高更也沿此方向做了些尝试，《静物与马头》当属其一，并与西涅克熟络起来。他也必然免不了参与讨论了修拉的《大碗岛的星期天下午》（*La Grande Jatte*），此画在1886年5月第八届也是最后一届"印象派画展"上展出。修拉的这幅杰作想必是让高更展出的作品——十几幅风景画、一些静物和肖像画——相形见绌。

此时，高更与修拉之间发生的争吵显然有着更深层的冲突。高更称自己有西涅克的许可，可以于后者在巴黎的画室里度过夏天。可是西涅克又把钥匙留给了修拉，修拉声称自己从没听说过此事，也不相信高更的说法。被拒绝以后的高更或许是一时冲动，于1886年7月离开了巴黎，前往布列塔尼的阿旺桥（Pont-Aven）。

但这其实并不是高更的突发奇想：去布列塔尼这事他已盘算一年多了。他觉得要提升自己的艺术水平，就得身处原始环境中，而这正是他迈出的果敢的第一步。他从曾在布列塔尼度夏的艺术家口中听闻此地度夏便宜，加上有一群志同道合之士陪伴，布列塔尼简直是夏日作画的完美去处。

高更在布列塔尼一直待到10月，绘画水平比以往有所提升，但作为艺术家仍没有寻得自我。画的主题是正确的，但处理仍不得当。《四位布列塔尼妇女》（*Four Breton Women*，彩色图版8）和《两位沐浴的少女》（*Two Girls Bathing*，彩色图版11）此类的画作仍深受老一辈印象派画家的影响，尤其受德加的影响；而一些风景画又让人联想到莫奈；别的作品，比如《静物与拉瓦尔》（*Still Life with Portrait of Laval*，彩色图版9）又有塞尚的影子（图4）。高更一直在寻找一种综合的方法，却始终捕捉不到。尽管此时他在阿旺桥的画家当中小有名气，但还没有日后的浮夸与过度自信。苏格兰画家A. S. 哈特里克（A. S. Hartrick）精彩地描述了高更当时的模样：

> 高个头，深色头发，皮肤黝黑，垂着眼睑，面庞很是英俊，体格孔武有力……他像布列塔尼渔民一样穿蓝色线衫，头上俏皮地扣一顶贝雷帽。他的样子，包括他走路和活动的样子倒像是比斯坎湾（Biscayan）停靠的帆船上一名富裕的船长——跟疯狂或者颓废完全扯不上关系。他我行我素又充满自信，话少得近乎显得阴郁，但偶尔放下架子来也能十分亲切。

高更需要这样的沉默寡言和我行我素，因为接下来几个月的生活实在是很艰苦。他到巴黎过冬，几乎没怎么画画，而是在陶匠查普列特（Chaplet）的工作室里做了些非凡的陶瓷艺术品。因病在医院卧床一个月后，他十分渴望逃离法国恶劣的天气去一个温暖的地方。1887

① 基督教宗教术语，意指受上帝指派，来拯救世人的救主，此处对应上文的"神选之人"。

——译者注

图 4
模仿塞尚的风景画

1885 年；
新嘉士伯艺术博物馆，
哥本哈根

年 4 月高更启程去巴拿马，他的姐夫在那里工作——他的姐姐，也许是和弟弟一样还做着罗曼蒂克的秘鲁梦，嫁给了一名来自南美的商人。然而，高更想要在热带国家过上悠哉生活的愿望却被贫困、疾病和被冷落的现实打破。甚至相对来说还算得上是避风港的法属马提尼克岛（Martinique）也很快让他无法忍受。高更只能靠在船上做水手回到了法国，随身带着十几幅画作（其中包括彩色图版 10）。这些画中更加明亮的色彩和织锦般的设计，是高更挣脱印象主义的第一个明显迹象。

高更无意在巴黎停留，1888 年 2 月他再次前往布列塔尼。由此开始了他创作生涯中最为坚实，也最为多产的两年。他渐渐感觉到他离自己苦苦追寻的"综合"（synthesis）更近了，而这似乎就是绘画的奥秘。他置身在合适的氛围之中，他曾对修弗内克说："你属于巴黎，而我需要的是乡土。我爱布列塔尼，在这里我找到了野性与原始。当我的木靴踏在花岗岩的大地上嗒嗒作响时，我听到了一种浑厚、沉闷而有力的调子，而那正是我在绘画中所要找寻的。"

高更也开始更加了解自己。离开巴黎之前，他写信对梅特说："你一定还记得我身上的两个特质：一半是印第安人，另一半则多愁善感。现在，那个多愁善感的人已经消失了，只留下印第安人坚定地勇往直前。"

一开始，"野蛮的印第安人"虚弱得无法作画，天气也十分糟糕。但等到春天来临，他便开始了真正的创作，一个星期能完成两幅甚至三幅作品。但它们与两年前所作的并无太大差别，直到埃米尔·贝尔纳（Émile Bernard）在 8 月初带着新作到来，高更才突然意识到在这一方向上自己还可以走得更远。

"小贝尔纳"，高更如此称呼埃米尔·贝尔纳，他才华横溢，年仅 20 岁却又早熟。他开创的新的绘画方式被称为"分隔主义"（cloisonnism），这很快在巴黎的前卫派中为他博得了一席之地。和其他人一样，他也在寻求一种视觉表达方式以呼应当时与自然主义相悖而生、迅速兴起的象征主义诗歌与散文。他的理念是只呈现精华的主题，以极简的方式——几道黑色的粗线条，来分割明亮的平涂色彩（图 5）。

高更立刻明白了其中的妙处。1888 年 8 月 14 日，他写信给修弗内克道："一句忠告话，不要太过照搬自然，艺术即抽象。探索自然，然后沉思随之而来的创造。这是升华并接近上帝的唯一方式——像造物主一样去创造……我最近的作品步入了正轨，你会发现它们十分个性化，或许倒不如说是它们验证了我早先的探索，即通过综合单一形状和单一色彩来表达一个主体思想。"

受贝尔纳启发后，高更很快便远远超越了这位年轻朋友的理念——这也正是这两人友谊的实质。贝尔纳画了《草地上的布列塔尼妇女》（Breton Women in the Meadow），画中的村民们为庆祝阿旺桥的朝圣活动而盛装打扮，当中还有两名身着城里服饰的女士。高更对这幅画青睐有加，他跟贝尔纳做了交换，并带着此画去阿尔勒找凡·高。但高更一眼就看出自然主义题材本身是不够的，它必须要被超越。他希望"通过形状和颜色来引发美的思索"——他向修弗内克如此说，其成果便是《布道后的幻象》（The Vision After the Sermon，彩色图版 12）。这是高更第一幅不容置疑的杰作，也是他创作的转折点。

高更画的不单单是布列塔尼妇女，而是试图描绘他所钦佩的一种品质——单纯的信仰。这使得这群农妇在一次尤为生动的布道后，离开教堂时产生了幻象，看到了布道者所描述的一切。他将妇女们分布在画面的两边，就像贝尔纳所做的一样，但他把绿地涂成了红色，并加上了搏斗中的雅各和天使。这一形象是他从葛饰北斋的一幅摔跤手版画中信手借鉴的——高更要么是买下了，要么是曾经复制了这幅版画。画宗教主题的主意也许来自凡·高，凡·高曾写信给高更称自己在尝试画一幅《橄榄园中的基督》（Christ in the Garden of Olives），但并不成功。高更回信给凡·高介绍了自己的尝试："在这些人物中我画出了一种质朴的、因迷信才有的单纯。这一切十分强烈……这幅画中的景象和搏斗仅存在于祈祷人群的想象之中，是布道的产物。这正是为何在真实的人群与背景的搏斗场面之间会有反差，它是不真实而且不成比例的。"

高更想把画赠给当地的教堂。阿旺桥的教堂过于现代，于是他同朋友一起，带着《布道后的幻象》穿过原野，去了附近的尼松村（Nizon）。这幅画在尼松教堂古老的石柱和粗糙的圣人雕像之间应该能找到归属。他在白色的画框上写上了一行蓝色的字："特里斯坦·莫斯柯索赠"（Gift of Tristan Moscoso）。这是来自秘鲁的"野蛮人"献给原始的布列塔尼的礼物，但教堂的牧师害怕这是场恶作剧，拒绝收下这份礼物，这幅画便被高更拿走了。

高更不愿留在布列塔尼度过寒冷潮湿的冬天，10 月他接受凡·高的盛情邀请去了阿尔勒。他答应得很勉强，主要是为了还凡·高的弟弟提奥的一份人情，因为提奥是最早声援高更的艺术商。阿尔勒那不安宁的 10 个星期的故事已广为人知，毫无疑问，两人性情不合使得最后的决裂成为必然。"文森特十分欣赏我的作品，"高更对贝尔纳说，"但我作画的时候他老爱挑我毛病。他是浪漫主义，而我却更倾向于原始。"

显然——而且从心理上也讲得通——高更自视为导师，凡·高也欣然扮演起学徒的角色。带着刚刚皈依的热忱，高更现在很清楚该做什么——不要照搬自然，艺术即抽象，创作必须来自记忆。所有的训诫都让凡·高陷入绝望。而高更又用凡·高作品的主题，比如"夜间咖啡馆"（彩色图版 15），来向他阐明该如何创作。凡·高那时在阿尔勒镇上的公园工作。我们来尝试认真思考一下两人的相处。我们可以想象高更这样对凡·高说：它会让你想起些什么？我想起了布列塔尼的妇女们（彩色图版 8），而你是否会想起你的母亲和妹妹？在你离开荷兰之前，她们总爱在你父亲那所坐落于埃滕（Etten）的房前散步，你应该把她们画入画中——于是凡·高便在《花园里的女人们》/《埃滕的记忆》（ Women in the Garden / Souvenir of Etten ）一画中乖乖照办。

高更认为自己在阿尔勒期间最成功的作品——一幅描绘了葡萄园里的布列塔尼妇女的画作——"毫无精确性可言"。他把这幅画叫作《人类的痛苦》（ Human Anguish，彩色图版 17），这个名称阐释了高更

图 5
献给凡·高的自画像
（悲惨世界）

1888 年；布面油彩；
45cm × 55cm；
市立博物馆，阿姆斯特丹

希望艺术表达的内容。若是像凡·高一样执迷于描绘看得见的世界，终究无法逃脱自然主义的奴役，而高更则希望他的艺术能超越诗与神秘。

但凡·高却无法追随高更的脚步（图 6），"我无法脱离模型去创作"。几周之后，当南方画室的美梦化作泡影时，凡·高在信中对埃米尔·贝尔纳说："如你所知，高更在阿尔勒期间，我曾一度被引上抽象的道路。那时，这条抽象之路看似引人入胜。但它却通向一片魔地，我亲爱的朋友，很快我就撞上了一堵无法翻越的高墙。"

而这片"魔地"正是高更的艺术追求。

高更在巴黎期间并无太多画作，精力主要用在了做陶罐上，以及制作一些早期的锌版画。那一年恰逢 1889 年的世界博览会：埃菲尔铁塔就要建造，艺术圈里关于艺术展的讨论热火朝天。无法参加正式展览的高更和一群朋友获得许可在"艺术咖啡馆"中展出其画作。他们自称"印象和综合主义派"（Impressionist and Synthetist Group）。尽管公众对他们的作品反响不大，但在画家当中，这次展览奠定了高更作为新流派领袖的地位，大有挑战修拉新印象主义的前卫宝座的势头。

高更本人则对世界博览会本身更感兴趣，尤其是有关殖民地的部分：吴哥窟和爪哇村落的重建，原住民的草屋和跳舞的女孩们。他还收集了佛教艺术，尤其是柬埔寨艺术的相关照片。此时的高更正在考虑前往法属印度支那的东京（Tonkin）[①]，并且已经在同法属殖民办公室进行协商。这是个漫长的过程，而就在等待期间，高更决定回到布列塔尼。

他在阿旺桥度过了大半个夏天，但这个村庄对他而言已变得过度拥挤与文明。10 月，高更与他的门徒和支持者，迈耶·德哈恩（Meyer de Haan）和保罗·塞律西埃（Paul Sérusier），迁往偏远的勒普勒杜（Le Pouldu），在玛丽·亨利（Marie Henry）所开的旅馆中开始隐居生活（图 7，图 8）。老板娘变成了迈耶·德哈恩的情人，于是便纵容这群画家任意装饰她的起居室。在一个木橱柜的门上，高更画上了迈耶·德哈恩与自己的戏谑肖像（彩色图版 24）。在入口走廊处《加勒比女人》（Caribbean Woman，彩色图版 23）的上方，他又画了另一幅《早安！高更先生》（Bonjour M. Gauguin，彩色图版 19）。这纯粹都是些装饰画，而高更也摆脱了自然主义的局限：采用高度风格化的形状、简明的色彩，并刻意保持物体的平面化。

《早安！高更先生》显然是在向库尔贝致敬。高更与凡·高一同去蒙彼利埃（Montpellier）时曾看过库尔贝的画作。有人揣测高更是在嘲笑库尔贝的做作，但这种想法毫无根据。相反，高更似乎对库尔贝把自身作为绘画中心的做法颇为欣赏，认为这并不仅仅是骄傲自大，更是一种艺术的需要。这代表了 19 世纪绘画属性的根本改变，艺术家的创作主题逐渐从公共领域转向私人领域。

和库尔贝一样，高更进一步阐明不论他表面上画了什么，他的艺术都毫不动摇地以自我为中心。在那幅戏谑自画像（彩色图版 24）中，他给自己添上了光环，然而苹果与蛇又指明画中的高更正是路西法。由于不满足止步于当时盛行的撒旦主义，高更同时又把自己

① 法属印度支那（French Indo-China）时代的东京即今越南北部的大部分区域，与今日东京不同。
——编者注

呈现为基督。高更在 1889 年秋所作的 3 幅宗教画——《在花园里苦恼》（*Agony in the Garden*）、《耶稣受难》（*Crucifixion*）和《耶稣下葬》（*Deposition*）——都利用了具有象征意义的基督教事件，却又完全是关于自我的叙述。高更并不是基督徒，也不像他的朋友贝尔纳一样试图复兴宗教绘画。高更之所以创作《布道后的幻象》，仅仅是因为他钦佩布列塔尼妇女们单纯的信仰，她们的信仰如此之强烈以至于产生了幻象。高更在《耶稣受难》［又名《黄色基督》（*Yellow Christ*，彩色图版 20）］和《耶稣下葬》［又名《绿色基督》（*Green Christ*，彩色图版 21）］中都借鉴了当地的雕刻艺术——特马罗（Trémalo）的着色木雕十字架和尼松的石刻受难像，并以当地风貌为背景——《耶稣受难》中的阿旺桥和《耶稣下葬》中的勒普勒杜，对其进行了重新阐释。《耶稣受难》中再次出现了《布道后的幻象》中的布列塔尼妇女，仿佛在刻意强调两幅作品间的联系。

高更曾给年轻的评论家阿尔伯特·奥里埃（Albert Aurier）一些关于《绿色基督》的令人费解的笔记，似乎在说虽然他能够理解宗教信仰对于布列塔尼人的意义，自己却无法参与其中。而这正是《早安！高更先生》所希望表达的，一排栅栏横在裹得严严实实的画家与布列塔尼农民之间，使他们彼此无法真正接触。天空中密布的乌云戏剧化地突显出高更的与世隔绝：他成了孤独与痛苦的符号，代表了他与许多执着的艺术家的感受。毫不意外，在这 3 幅宗教画中，高更一

图 6

文森特·凡·高：星夜

1889 年；布面油彩；
73.7cm × 91.4cm；
现代艺术博物馆，纽约

15

步步将自己与基督融为一体。《在花园里苦恼》又名《橄榄园中的基督》（*Christ in the Garden of Olives*，彩色图版 22），或许是 3 幅画中的最后一幅，画中的基督明显带有高更本人的特征；高更还在一幅自画像中将自己的头与《耶稣受难》中的基督并排在一起，另外一幅自画像高更则将其命名为《临近受难地》（*Près de Golgotha*）。

在这些作品中，高更并不想刻意亵渎宗教。高更本人的思想深受叔本华影响，后者的哲学理念颇受当时巴黎的知识分子欢迎。虽无任何证据表明高更曾读过这位德国哲学家的作品，但两者都持悲观主义，而且相比基督教而言，两者都更偏爱佛教。高更相信唯一可以超越存在的虚无的是意志的力量，并同叔本华一样认为意志的实施即邪恶。作于 1889 年末的一幅迈耶·德哈恩的小型画像上写着"涅槃"（Nirvana），似乎诉说着这两位画家的共同愿望。而高更那时所作的一幅华丽的浮雕上则刻着这样一句标题：Soyez amoureuses vous serez heureuses（置身于爱，你应幸福；图 9）。

短短几句话无法解释清楚高更思想的复杂性，这样的思想主要是通过绘画以及雕塑表现出来的。将自然主义抛之脑后的高更开始尝试使用典型形象，这些形象在其画作当中反复出现，带着某种象征意义。比如，《涅槃》中赤身静坐、手捧双颊的女人在后期的作品中再次作为"布列塔尼的夏娃"出现，尔后又出现在高更最后的发问《我们来自何方？我们是谁？我们向何方去？》（*Where Do We Come From? What Are We? Where Are We Going?*，彩色图版 44）中。我们很难将这些形象的寓意诉诸文字，他们是高更象征主义的重要特色：总是留存着一片诗意和神秘感，源自万物之心，难以言传。

1889 至 1890 年，高更面临的问题是寻找能够传达他绘画思想的

题材。他很快便穷尽了基督教圣像题材，同时也画了很多布列塔尼主题的作品，却都算不上成功。《海藻收捞者》（*The Seaweed Harvesters*，彩色图版 25）是这期间最大的一幅布面画，但却相对不为人所知。《海边的布列塔尼女孩》（*Breton Girls by the Sea*，彩色图版 18）似乎想要诉说比表面题材更为深刻的意义，但却并没有说服力，我们只有把它跟《失去童贞》（*The Loss of Virginity*，彩色图版 27）对照来看时，才能理解高更想要传达的意思。

《失去童贞》中的少女赤裸地躺在原野上：双脚交叉，跟《黄色基督》中基督的双脚一样，一只手拿着花，另一只搭在狐狸身上。狐狸蹲坐在她的肩头，一只前爪放在她的心口，和《置身于爱，你应幸福》浮雕里出现的动物是同一只。创作后者时，高更称狐狸是印第安文化中倔强的象征，而放到此处，狐狸似乎又象征着狡猾与性欲。少女的身后，一线火焰状的植被将她隔离开来，她仿佛是在峻峭的山脉上等待着齐格鲁德的布伦希尔德。远处是布列塔尼的风景，一队行人以及海岸线。这幅画的标题《失去童贞》明白地点出了作品的内涵——或许明白得过了头，这幅画中的象征手法如此之直白，在高更的作品中是罕见的。这也许只是一幅示范作品，因为《失去童贞》有可能是 1890 年底于巴黎完成的。彼时高更与象征主义文学家们交往密切（图 10），魏尔伦、莫雷亚斯、莫里斯、巴雷斯和马拉美都是他的朋友，高更也在前卫圈子里被视作当代画家中的杰出代表。名声与不愁吃穿的生活触手可及，甚至同妻儿破镜重圆的梦想也很有可能实现。然而高更却毅然决然地抛弃了这一切，只因内心有只恶魔唆使他于 1891 年 4 月离开法国前往塔希提。

高更自从马提尼克岛归来以后便一直盼望着重返热带地区。如我们所见，在参观了 1889 年的世界博览会后，高更曾考虑去法属印度支那的东京定居。他在 1890 年 6 月对贝尔纳说："整个东方，那伟大的思想用金色的字撰写于艺术世界中——多么值得学习呀，我一定能从中获得全新的力量。当代西方艺术已经腐烂，年轻的赫拉克勒斯们，就像安泰俄斯一样，定能从那片土壤上获得新的力量。在那儿待上一两年，归来之时，必定健康而强壮。"

那时贝尔纳读过了皮埃尔·洛蒂（Pierre Loti）的半自传体小说《洛蒂的婚姻》（*The Marriage of Loti*），这本书首次出版于 1880 年，当时的标题便是塔希提语——"Rarahu"。洛蒂是一名前海军军官，跟高更年纪相仿，高更读过并且十分欣赏他的小说。洛蒂 1886 年出版的《冰岛渔夫》（*Icelandic Fishermen*）也曾启发凡·高创作了《摇篮曲》（*Berceuse*）。贝尔纳给高更送了一本《洛蒂的婚姻》，并附上了一本法属殖民地官方手册，其中有一篇大肆赞美塔希提的文章。高更读罢便毫不犹豫地向塔希提出发。他成功获得官方许可，以公派志愿艺术家的身份前往，因此获得了一些地位上和经济上的好处，但是当时政府口头许下的在高更回国后购买其全部作品的承诺并未兑现。

动身以前，高更曾前往哥本哈根去探望妻儿。当时他尚未放弃与家人和解的念头，但除了 17 岁的女儿阿琳外，高更发现自己和家里其他人已变得生疏。而在查尔斯·莫里斯（Charles Morice）的记录中，高更从丹麦归来时情绪崩溃，他哭泣着忏悔说，自己牺牲了家庭

去成就理想。

　　高更于 1891 年 4 月 1 日从马赛启程，6 月 9 日抵达塔希提首府帕皮提（Papeete）。3 天后，就在按计划接见高更的几小时前，塔希提的最后一任国王波马雷五世去世。这是个噩兆。高更很快意识到他来到了一个衰败的法属殖民地，而非一片未受西方文明浸染的乐土。自 1767 年该岛被西方人发现以来，岛上的原住民数量已灾难性地从约 15 万减少到约 8 千，而原始宗教、传说与艺术也已所剩无几。

　　几个月后，高更离开了这个毫无魅力的小首府，前往 80 英里外美丽的南部海岸上的村庄马泰亚（Mataiea）。在那里，他结识了会说法语的村长塔图纽阿依（Tetuanui），这似乎能让他更接近原住民的生活。但高更对塔希提已不再抱任何幻想，自抵达这里后他便马上开始寻找派往另一个法属殖民地马克萨斯群岛（Marquesas）的机会。

　　高更试图离开塔希提去一个更加原始的环境的尝试，遭到了塔希提总督拉卡萨德（Lacascade）的阻挠，后者将高更视作潜在的麻烦制造者。这时，最终使高更致死的梅毒让他大病了一场，再加上经济上的困扰，1892 年 6 月，高更请求返回法国。该请求在 11 月才被批准，而拉卡萨德又以没办法提供旅行费用为由，阻挠高更离开。高更不得不等到 1893 年 6 月 14 日才得以脱身。他在塔希提的首次停留就两年有余。

　　尽管这次旅行令人失望且备受考验，在缓慢起步以后，高更进入了他绘画生涯中最丰富、最多产的时期。他创作了差不多 80 幅画，其中有 30 幅无疑是杰作，这跟他人生最后 10 年的创作总和已然相当。一开始他需要适应新环境，在此期间的绘画主题延续了他在布列塔尼的创作—— 一些风景画，但更主要的是一些描绘正在工作或玩乐的当地人的画。1891 年 10 月，在马泰亚安定下来后，有三四个月的时间高更似乎十分快乐，而这也反映在他的作品中。圣诞节期间他画了一幅充满诗意的《我们朝拜玛利亚》（Ia Orana Maria，彩色图版31），标题取自塔希提语版《圣母颂》的第一句，画中长着黄色翅膀的天使让两位塔希提妇女看到了玛利亚和耶稣。所有人物都有着塔希提人的特征，正如受难的基督以及哀悼的妇女也都被画成了布列塔尼人。《我们朝拜玛利亚》与此前的宗教画一脉相承，但作品中蕴含的不同的情绪反映出高更在塔希提找到了短暂的快乐。

1891—1892年，高更其他的塔希提作品也与他早先的创作有着紧密联系。《穿红裙的女人》（Reverie，彩色图版29）唤起一种独特的氛围，正如《失去童贞》一样；《市井一角》（Ta Matete，彩色图版34）则跟《阿尔勒的夜间咖啡馆》（彩色图版15）一样，描绘了等待客人的妓女们。我们也可以将《你何时结婚？》（When Will You Marry?，彩色图版32）与《海边的布列塔尼女孩》（彩色图版18）作对比；或者将《持花的女人》（Woman with a Flower，彩色图版28）——高更第一幅在巴黎展出的塔希提作品——与他早期的肖像画作对比。这些画作中有一种新的奇异感，或许当中没有任何一幅直接源于自然——高更继续在画室中凭借记忆创作，而一些元素和图像也在不同的画中反复出现。他的作品中还出现了明显的异域成分。正如他此后对德·蒙弗雷所说的："在你面前展现的应该是波斯、柬埔寨和一点儿埃及风格。如果是希腊风格就大错特错，不论它有多么美。"这便解释了高更为何有意识地借鉴高棉艺术，比如《我们朝拜玛利亚》中两位塔希提妇女的姿势便直接取自高更所收集的一张爪哇的婆罗浮屠寺庙（the Javanese temple of Borobudur）照片中雕带上刻像的一部分；又将据说是他在大英博物馆看到的埃及浮雕风格应用在《市井一角》中的女人身上。

假如当地尚存任何传统的塔希提图案的话，高更定会毫不犹豫地将其吸收进自己的创作中。但仅存的传统色彩和图形只剩纱笼（pareos）——女人们穿的一种宽松的裙子。高更对此十分喜爱，因为这与高更当时正在斟酌的平涂抽象图案的绘画理念相一致——比如《在海边》（Near the Sea，彩色图版35）和大幅作品《大溪地①田园曲》（Pastorales Tahitiennes，彩色图版36）。高更对后者尤为满意，一幅更大的版本现藏于卢浮宫，给它取名为"Joyeusetés"（欢乐）。他开始感到自己有能力将眼中的塔希提以具有艺术说服力的方式表达出来了。

这一切是对现存事物的洞察，而绝非照搬现实。因为此时的高更开始在绘画中重建在现实中无法企及的完美生活。1892年3月，高更去帕皮提时，有人借给他一本描写欧洲人到来之前的塔希提的书，尽管书中满是误解，却激发了高更的想象力并丰富了他的创作。这本书即J. A. 莫伦豪特（J. A. Moerenhout）于1837年出版的《大洋上的小岛之旅》（Voyage aux îles du grand océan），出版时距离塔希提社会的解体已经有一段时间了。

莫伦豪特的书里记录了许多塔希提的传说与历史，高更对于已销声匿迹的埃瑞奥伊（Arioi）宗教尤为着迷。这个宗教群体进行的仪式既有宗教感，又富有性含义。他画了埃瑞奥伊传说中的美人"薇劳玛

① 大溪地是塔希提的另外一个译名。

——编者注

蒂"（Vairaumati），还画了月光女神希娜（Hina，彩色图版38）。希娜是塔希提宗教中唯一的女神，是众神与人类的母亲。由于塔希提人从不制作任何宗教偶像，高更只得亲自动手，糅合了佛陀、法老与复活节石像的特点，创造出一个自己满意的形象。

最近的研究，尤其是本特·丹尼尔松（Bengt Danielsson）所做的工作，可以让我们更清楚地了解高更作品中的塔希提事物与其绘画之间的联系。这也让我们更加折服于高更的勇气与想象力。高更自己的生活札记《诺阿·诺阿》（Noa-Noa）① 混合了真实与虚构，当然，我们也没理由从一位已全然置身于梦境的画家那里期待真相。

高更并不是没有快乐与安宁的时光，正如他的画所展现的，残忍与丑陋被放逐到画面之外，虽然画中还时不时出现着恐惧、敬畏与神秘。在他迎娶了13岁的塔希提新娘蒂哈阿曼娜（Tehamana，即《诺阿·诺阿》中的蒂呼拉，Tehura）后，高更有了更深刻的灵感。他深知《游魂》（Manao Tupapau，彩色图版33）是一幅杰作，也常常写到它。最初的灵感涌现是在高更的一次晚归，当时他看到蒂哈阿曼娜面朝下卧在床上，在一片黑暗之中被恐惧所笼罩。这样的她在高更看来既美丽又陌生。她盯着他，仿佛他就是"tupapau"——蛰伏于无眠之夜中的魔鬼。高更开始思考人类对于黑暗与死亡的恐惧，而这正是此画的主旨。关于这幅画，他写道："总结来说，音乐成分：微微起伏的横线条；蓝色与橘色的糅合，连接着黄色与紫色（它们的衍生色），再被一丁点儿绿色提亮。文学成分：一个生灵与一个亡灵被结合在一起。黑夜与白昼。"

如此，画家的理念直接以将图像抽象化和赋予其文学意蕴的方式表达出来。这是非常高超的图画象征手法。

1893年9月1日，高更返回巴黎。他的朋友们每年这个时候都差不多在外地采风，这次他们也都不在巴黎，大概高更之前已经料到了这一点。但这可以说是不吉利的开端，此时的高更已经在塔希提居住了太长时间，难以在巴黎这座当时全世界最文明的城市安身。他与人们断了联系，再也找不回1890—1891年那种处于一切前卫创意活动中心的感觉。而巴黎的氛围也发生了变化：对实验性艺术的抵抗正在进行，并将持续10年之久；无政府主义者的爆炸袭击、巴拿马丑闻，以及德雷福斯事件② 都暗示着一种四处弥漫的不安气氛。当然，凭借忠实的德加的影响力，高更得以在著名的杜朗-卢埃尔画廊展出41幅最优秀的塔希提作品。但公众反响消极：有一些不温不火的评论；尽管卖出了一些作品，但大部分卖给了老友们。高更沮丧地不想再作画，索性接受了查尔斯·莫里斯的提议，与他合写一本关于塔希提的书——取名叫做《诺阿·诺阿》。他们一起翻阅高更的笔记，由莫里斯来撰稿，高更负责制作木版插画。

1894年春，高更回到了阿旺桥，却再也无法找回曾对他无比重要的那股灵气。《乡间戏剧》（Drame au Village，藏于芝加哥艺术学院）有种奇特的疏离感，或许是因为没人能够确定这幅画是不是那年夏天高更在阿旺桥所作。画面前方是在《人类的痛苦》中首次出现的双手捧颊的静坐女人，我们已经在《涅槃》和"我们来自何方？"中见到过她的裸体版本。《乡间戏剧》试图提出的有关人类沟通的问题愈加成为高更所面对的现实。同时代的人称他孤僻、寡言、自视甚高——

① 塔希提语，意为芬芳。

——译者注

② 无政府主义的爆炸袭击：指19世纪末无政府主义者在法国从事的一系列活动。包括1892年3月拉瓦绍尔在巴黎实施三次爆炸。次年12月奥古斯特·瓦扬向正在开会的众议院投掷炸弹。1894年意大利人卡塞里奥在里昂刺杀法国总统卡诺。此外无政府主义者还在其他公共场所制造爆炸案。

巴拿马丑闻：法兰西第三共和国时期的大贪污贿赂案，巴拿马运河股份公司在开凿运河时贿赂大批议员和政府官员，并收买报社进行政治宣传。

德雷福斯事件：1894年法国陆军参谋部犹太籍的上尉军官德雷福斯被诬陷犯有叛国罪，法国右翼势力趁机掀起反犹浪潮。不久后查明德雷福斯是无辜的，但法国直至1906年才宣告其无罪。

——编者注

与早年那个友善又擅于社交的画家形象迥然不同。长年近乎独居的生活使高更变得自闭，让他的内心坚硬而缺乏共情。他与梅特的关系日趋恶化；此前的情妇朱丽叶·于埃（Juliette Huet）也与高更一刀两断，因为他迷恋上 13 岁的安娜（Annah），那个所谓的爪哇姑娘——实际上是一半印度血统、一半马来血统的混血儿。然而在安娜的画像上（彩色图版 40），高更却用塔希提语写道"未受玷污的女孩茱蒂丝"——轻佻地暗指另一位早熟少女，12 岁的瑞典姑娘茱蒂丝·埃里克森－穆拉德（Judith Erikson-Molard）。高更与她也交往甚密。

这段时期高更的生活肮脏而粗俗，仿佛是要证实西方生活腐败堕落的本质。梅毒在他身上扩散且症状愈加严重，而高更本人对此似乎并不上心，一心盼望着再次出行。他在 1894 年写给茱蒂丝的继父威廉·穆拉德（William Molard）的信中说道："我已经铁了心……再也没有什么能够阻挡我，我这一去就不会再回来。欧洲的生活简直蠢到了家。"他再次拍卖作品来筹集经费，但斯特林堡却拒绝为他的拍卖目录写序言。1895 年 2 月的拍卖虽不甚如意但至少不是灾难。高更已做好了启程的准备。要不是需要治病，他一定不会拖到 6 月底才从巴黎动身。

高更于 1895 年 9 月 9 日抵达帕皮提，但这一次他并不打算驻留在塔希提，而是直接前往马克萨斯的拉多米尼克岛（La Dominique）[①]。我们无从知晓他为何改变计划，也许是因为不断恶化的健康状况让他不得不待在帕皮提附近以获得治疗。高更打算在普纳奥亚（Punaauia），一个距离首府 20 英里的南部沿海地区，建一座当地样式的房子，他在那里一直住到 1901 年离开塔希提。他联系了蒂哈阿曼娜，但她因惧怕高更的坏脾气而不愿留在他身边。于是一个 14 岁的姑娘帕胡拉（Pahura）取代了她的位置。

此后，高更的生活既有绘画顺利时的安宁与相对满足，也有无从下手时精神及肉体上所受的痛苦折磨。1892—1894 年的平涂的明丽色彩被一种肃穆、深沉的色调所取代。《永远不再》（Nevermore，彩色图版 43）很具代表性。高更在给他的忠实笔友丹尼尔·德·蒙弗雷（Daniel de Monfreid）的信中写道：

> 通过一具简洁的裸体，我想传达一种久远而野蛮的奢华。它浸染在刻意深沉而忧郁的色彩中。不是丝，不是绒，不是麻，也不是金所带来的奢华，而是仅凭画家之手来丰富它。说真的——单凭人的想象与幻想就能让画面丰盈。
>
> 题目叫作《永远不再》：不是爱伦·坡的乌鸦[②]，而是永远窥伺着的恶魔之鸟。画得有些拙劣（我的状况已无比糟糕，只有很少的创作时间），但这并不碍事儿，我想这是一幅好画。

这封信写于 1897 年 2 月 14 日，就在这一年，厄运接踵而至。高更的房东去世后，他不得不搬家；后来他得到了自己最宠爱的孩子阿琳患肺炎去世的噩耗，这导致了他与梅特彻底决裂；他身无分文，因脚痛而无法行走，又因结膜炎而无法作画。8 月，他在写给穆拉德的

————————

① 即现在的希瓦瓦岛（Hiva Oa）。
　　　　　　　　　　　　——编者注

② 爱伦·坡的诗歌《乌鸦》中的形象，总是回答着"永远不再"。
　　　　　　　　　　　　——编者注

信中说道："从小到大，厄运一直纠缠着我。我从没有过好运，也从没得到过幸福，一切都与我作对。我大声疾呼：'主啊，如果你存在的话，我要控诉你的不公，你的恶意。'是的，在得知可怜的阿琳的死讯时，我开始怀疑一切，我轻蔑地大笑。美德、勤奋、勇气与智慧有什么用呢？只有罪才是合乎逻辑的，才是有意义的。"9月，他陷入绝望，"只有死亡才能让我们脱离一切"。10月，接连的心脏病发作让高更开始谈论自杀。有半年的时间他没画任何作品，之后他又开始进行最后的壮举。"我希望在死前完成一幅在我脑海中的庞大画作，"他对德·蒙弗雷这样说，"有一个月的时间我带着前所未有的狂热不分日夜地画画。"

其结果就是高更画幅最大也最有雄心的作品，他在画上写道："我们来自何方？我们是谁？我们向何方去？"（彩色图版44）。这本是一段关于生命意义的哲思，但在试图阐释它之前我们最好先听听高更本人的警示："我的梦是无形的，没有任何寓意。引用马拉美的话来说：'一首富有乐感的诗，不需要歌词。'因为它已超越了物质，一幅作品的精华恰恰在于那些'没被表达出来的东西'。"

然而关于这幅画的内涵，高更也有过更加明确的表述，而且他的缄默无法掩藏画中清晰的寓意。他解释说：这是一个梦，来自他的脑海——充满了许多早期绘画中出现过的形象。画中有很多动物、孩童以及孩童般的"野蛮人"，他们生活在伊甸园中。但这并不是一个天真纯洁的世界，反而充满了隐藏的情欲。每一个手势、符号，乃至几乎每个形状都含有性暗示。一个充满婴童般性欲的梦冲击着我们，高更仿佛终于回到了那个丢失了的、温暖而模糊的儿时乐土。

画的中央是一个从树上摘果实的男人，暗指亚当。但在这幅画中，偷食禁果的形象象征的并不是人丧失了纯真，而是人对知识的渴望和自我意识的觉醒。自此，人不再只是浑浑噩噩地接受肉体的存在。很多年前，高更在写给修弗内克的信中清晰地预见了自己的命运："传说中，印加来自太阳，那将是我回归的地方……凡·高有时说我是个来自远方的人，也将去向远方。我希望能被那些爱着我，并且理解我的善良人追随。一个更好的世界将要到来，在那里自然将遵循自有的轨迹运行；人们生活在太阳中，并且将懂得如何去爱。"

但在他创作"我们来自何方？"时，高更已然没了此前的乐观。爱也有其阴暗面：爱神与死神相互交融，而黄金时代的生活也不过是在生与死之间苟且与挣扎。他开始将人类一切的努力视为徒劳，且种种努力造成善与恶的可能性是均等的。"我们面前的确只有虚无"——这是叔本华的话，但同样也可以由高更来说。唯一的解决办法就是一直萦绕在高更脑中的诗人马拉美的话——你可以创作一件艺术品。在"我们来自何方？"中，仿佛看破了一切而无所不知的高更在诉说着——这是他希望留下的最后的、永恒的讯息。

高更自杀未遂——吞服了过量砒霜后，他并没被毒死反而是引发了剧烈的呕吐。高更接受了命运对他最后的摆弄，放弃了自杀的想法。弥留的最后几年仿佛是要重述他此前的人生。他在梅毒的折磨下苟延残喘，尽管他最终去了马克萨斯岛，离他所追寻的"野蛮的黑暗之心"更近了一步，却已来不及再对他的人生或艺术做出任何有意义的改变。

临终前漫长的 5 年时间里——高更于 1903 年 5 月 8 日去世——高更几乎没有进行艺术创作。他有时在帕皮提的市政工程办公室当绘图员，有时作为记者积极投身于当地的政治活动当中。如此的宿命让人不禁想起兰波曾在阿比西尼亚（Abyssinia）经商——两人都在艺术之路上走得太远，并因此备受煎熬。

但和兰波不同的是，高更从未彻底放弃艺术。实际上，1902 年算是他相对多产的一年，马克萨斯时期画作的奇异而鲜明的色彩给他的作品又添了崭新的调子。《召唤》（*L'Appel*）和《原始故事》（*Contes Barbares*，彩色图版 48）都在高更最伟大的作品之列：画中有种闪亮的静谧，仿佛高更已参透了宿命。

高更去世 3 年后，巴黎的“秋季沙龙”举办了一次大型的高更作品展。这是史上最具影响力的展览之一，并直接影响了 20 世纪的大量艺术作品。在这一方面，塞尚—— 一位更伟大的画家——是高更唯一的劲敌，高更也一直认同这点，但高更的影响力更为深远。

高更超越了 19 世纪末的象征主义（symbolism）与印象主义。他结束了对外在的追求，结束了对于认知体验的执着，后者长期主导着欧洲艺术创作。他拒绝接受印象派画作，因为“它们只追寻眼睛的周围而不是思想的神秘中心”。

于是艺术开始转向内在，远离了外在。转向了梦与无意识，转向了抽象艺术，通过颜色和形状去传达画的意义。要实现这一突破，必须有人通过原始将艺术从伟大的文艺复兴，即自然主义传统中解放出来。高更并不反对这一艺术传统，从某方面看他的作品中也有传统的影子，但他认为这一艺术传统就跟整个西方文明一样已经走到了尽头。他将个人的心理需求化作了创作生涯的动力，并推动了欧洲艺术的革新。人类野性的回归即为原始主义（primitivism）画家的主张。

高更在写给德·蒙弗雷的最后几封信中说道：“你早就知道我希望建立的是什么：挑战一切的权利。我的能力……未能产生任何了不起的结果，但至少启动了这台机器。人们不用感谢我，反正我画得也很一般，但今天的画家们因此获得了自由，着实该感激我。”

这一次高更过于谦逊了，他对艺术的洞察和坦诚也很迷人。正如他在 1898 年所说的：“革命总需要烈士。我的作品与它将带来的结果相比微不足道：它将让绘画挣脱一切束缚。”高更之后，一切皆有可能。

生平简介

1848 年　欧仁－亨利－保罗·高更于 6 月 7 日出生在巴黎。

1849 年　全家前往秘鲁，其父在海上过世。同母亲阿琳和姐姐玛丽寄宿在利马的亲戚家。

1853 年　全家返回奥尔良居住。

1861 年　阿琳带全家搬到巴黎，并以做裁缝为生。阿琳认识了金融家居斯塔夫·阿罗萨。

1865 年　加入商船队。

1867 年　出海期间母亲阿琳过世。

1872 年　被保罗·伯廷（Paul Bertin）聘用为证券交易员。开始绘画，并同埃米尔·修弗内克一道在克拉罗斯艺术学院（Académie Colarossi）学习。认识了梅特·迦德。

1873 年　于 11 月 22 日同梅特·迦德完婚。

1874 年　埃米尔·高更出生于 8 月 31 日。

1876 年　在沙龙展出了一幅风景画。辞去在伯廷那里的工作。阿琳·高更出生于 12 月 24 日。

1879 年　受德加和毕沙罗邀请参加"第四届印象派画展"。克洛维斯·高更出生于 5 月 10 日。

1880 年　在"第五届印象派画展"上展出

8 幅作品。为保险经纪人托默罗（Thomereau）工作。

1881 年　艺术商杜朗－卢埃尔购买了 3 幅高更的作品。在"第六届印象派画展"上展出作品。让－勒内·高更于 4 月 12 日出生。

1882 年　在"第七届印象派画展"上展出作品。

1883 年　因股市崩溃而失业。保罗（保拉）·罗隆·高更于 12 月 6 日出生。

1884 年　全家搬往鲁昂。7 月，梅特带着阿琳和保拉回到丹麦。11 月，前往哥本哈根与家人团聚。

1885 年　5 月，在哥本哈根艺术之友协会展出作品。6 月，同克洛维斯一起回到巴黎。早秋前往伦敦。

1886 年　在"第八届印象派画展"上展出作品。7 月，前往布列塔尼的阿旺桥。遇见查尔斯·拉瓦尔和埃米尔·贝尔纳。10 月，回到巴黎。

1887 年　4 月，和拉瓦尔一同前往巴拿马。6 月，前往马提尼克岛。11 月，回到巴黎。他的作品深得文森特·凡·高和提奥·凡·高赏识。

1888 年　凡·高买下了他的 3 幅作品。回到阿旺桥。同埃米尔·贝尔纳及塞律西埃一同创作。10月，前去阿尔勒和凡·高一起作画。12月，离开阿尔勒回到巴黎。

1889 年　2月，回到阿旺桥。6—10月，"印象主义和综合主义画展"于世界博览会期间在沃尔皮尼（Volpini）咖啡馆举办。6月，搬往布列塔尼的勒普勒杜。

1890 年　在巴黎待到6月后返回勒普勒杜。11月，在巴黎同象征主义作家们往来。

1891 年　2月，作品在德鲁奥拍卖行（Hôtel Drouot）出售。3月，在哥本哈根见了家人最后一面。3月23日，朋友们以其名义在伏尔泰咖啡馆举办宴会，为其塔希提之旅践行。6月9日抵达帕皮提。9月，搬去马泰亚，并认识了蒂哈阿曼娜。

1892 年　阅读了莫伦豪特的《大洋上的小岛之旅》。3月，第一幅塔希提作品在巴黎古比尔（Goupil）画廊展出。

1893 年　回到巴黎。11月，在杜朗-卢埃尔画廊展览了41幅塔希提作品。与查尔斯·莫里斯合写《诺阿·诺阿》

1894 年　与爪哇姑娘安娜同居。在春天回到了阿旺桥。

1895 年　2月，在德鲁奥拍卖行展出并出售作品以筹集资金。7月，准备动身去塔希提，9月9日抵达。11月，在普纳奥亚建了所小屋。

1896 年　将帕胡拉娶为"妻子"。他们的女儿出生不久便夭折了。

1897 年　得知女儿阿琳的死讯。与家人决裂。

1898 年　11月，在沃拉德处展出"我们来自何方？"。4月，帕胡拉生下埃米尔。

1901 年　9月，抵达马克萨斯的希瓦瓦岛。开始建造自己的"欢愉之家"。将瓦爱奥（Vaeoho）娶为"妻子"，他们的女儿塔亚提卡奥马塔出生于9月14日。

1903 年　5月8日去世。

参考文献

Catalogues Raisonnés

Bodelsen, Merete, *Gauguin's Ceramics: a Study in the Development of his Art*, London, 1964.

Wildenstein, Georges, *Gauguin*, vol.l, Paris, 1964.

Monographs

Andersen, Wayne V., *Gauguin's Paradise Lost*, New York, 1971.

Danielsson, Bengt, *Gauguin in the South Seas*, London, 1965.

Gold water, Robert, *Symbolism*, New York, 1979.

Malingue, Maurice, *Paul Gauguin: Letters to his Wife and Friends*, London, 1946.

Merlhès, Victor (ed.), *Correspondance de Paul Gauguin*, 1873–1888, Paris, 1984.

Rewald, John, *Gauguin*, Paris, 1938.

Gauguin Drawings, New York, 1958.

The History of Impressionism, 4th rev. ed. New York, 1973.

Post-Impressionism from Van Gogh to Gauguin, 3rd rev. ed. New York, 1978.

Roskill, Mark, *Van Gogh, Gauguin and the Impressionist Circle*, London, 1970.

Stevenson, Lesley, *Gauguin*, London, 1990.

Thomson, Belinda, *Gauguin*, London, 1987.

Wadley, Nicholas (ed.), *NoaNoa: Gauguin's Tahiti*, Oxford, 1985.

Periodical Articles

Bodelsen, Merete, 'Gauguin's Cézannes', *Burlington Magazine*, 104, no.710.

'Gauguin the Collector', *Burlington Magazine*, 112, no.810.

Orton, F. and Pollock, G.,'Les Données Bretonnantes: la Prairie de la Représentation', *Art History*, vol. 3, no. 3.

Rewald, John, 'Theo Van Gogh, Goupil, and the Impressionists', *Gazette des Beaux-Arts*, 6th ser. 81, 1973.

Exhibition Catalogues

The Crisis of Impressionism, Ann Arbor, 1979–80.

The New Painting: Impressionism 1874–1886, National Gallery of Art, Washington, 1986.

The Art of Paul Gauguin, National Gallery of Art, Washington, 1988.

The Prints of the Pont-Aven School: Gauguin and his Circle in Brittany, London, Royal Academy, 1989.

插图列表

彩色图版

文中插图

4 模仿塞尚的风景画
　1885 年；新嘉士伯艺术博物馆，哥本哈根

5 献给凡·高的自画像（悲惨世界）
　1888 年；布面油彩；45cm×55cm；市立博物馆，阿姆斯特丹

6 文森特·凡·高：
　星夜
　1889 年；布面油彩；73.7cm×91.4cm；现代艺术博物馆，纽约

7 静物与日本画
　1889 年；布面油彩；73cm×92cm；伊特尔森收藏，纽约

8 自画像形状的杯子
　粗釉陶器

9 置身于爱，你应幸福
　1889 年；着色木雕；97cm×75cm；波士顿美术博物馆，波士顿

10 《象征性》（与让·莫雷亚斯的戏谑肖像）
　在《羽毛》中再次出现
　约 1891 年；34cm×40cm；国家图书馆，巴黎

对比配图

11 乔治·修拉：
　扑粉的年轻女子
　约 1889—1890 年；布面油彩；94.2cm×79.5cm；5cm 考陶尔德艺术学院美术馆，伦敦

12 栅栏门旁的布列塔尼妇女
　《布列塔尼人》画集（1889 年；锌版画，17cm×21.5cm；国家图书馆，巴黎

13 保罗·塞尚：
　静物与高脚果盘
　约 1880 年；布面油彩；私人收藏，巴黎

14 保罗·塞尚：
　圣维克多山
　约 1885—1887 年；布面油彩；65cm×81cm；大都会博物馆，纽约

15 布列塔尼的沐浴者
　约 1887 年；炭笔和色粉笔，58.4cm×34.9cm；芝加哥艺术学院，芝加哥

16 文森特·凡·高：
　凡·高在阿尔勒的卧室
　1889 年；布面油彩；奥赛博物馆，巴黎

17 布列塔尼场景的花瓶
　1887 年；皇家艺术与历史博物馆，布鲁塞尔

18 居斯塔夫·库尔贝：
　你好，库尔贝先生
　1854 年；布面油彩；129cm×149cm；法布尔美术馆，蒙彼利埃

19 自画像和黄色基督
　1889 年；布面油彩；38cm×46cm

20 高更写给梵高的信，附带《橄榄园中的基督》草图

21 让-弗朗索瓦·米勒：
　拾穗者
　1857 年；布面油彩；83.5cm×111cm；奥赛博物馆，巴黎

22 让·巴蒂斯特·夏尔丹：
　茶壶
　1764 年；布面油彩；32.5cm×40cm；美术博物馆，波士顿

23 爱德华·马奈：
　奥林匹亚
　1863 年；布面油彩；130.5cm×190cm；奥赛博物馆，巴黎

24 女人肖像和塞尚的《静物》
　1890 年；布面油彩；61.6cm×51.4cm；芝加哥艺术学院，芝加哥

25 《毛利人的古老崇拜》中的一页
　卢浮宫，巴黎

26 古斯塔夫·卡耶博特：
　雨天的巴黎街道
　1877 年；布面油彩；212.1cm×276.4cm；芝加哥艺术学院，芝加哥

27 《我们来自何方？我们是谁？我们向何
   方去？》草图
   1897 年；卢浮宫，巴黎

28 埃德加·德加：
   隆尚马场上的赛马
   约 1873—1875 年；布面油彩；30cm×40cm；
   波士顿美术博物馆，波士顿

29 《涅槃》(迈耶·德哈恩肖像)
   1889 年；布面油彩；20cm×29cm；沃兹沃斯
   雅典艺术博物馆，哈特福德

1 卡塞街上艺术家的家里

Interior of the Artist's Home, rue Carcel

1881 年；布面油彩；130cm × 162cm；国家美术馆，奥斯陆

　　1881 年作此画时，高更正在证券交易所平步青云。画中清晰地展现出这份工作让他的家人——妻子梅特（大概是坐在立式钢琴旁的女士）和 4 个孩子——过上了富足的生活。温馨的内饰，画面前方引人注目的静物和桌上的小竹篮都展现出舒适的家庭生活，反映出高更当时过着殷实而令人艳羡的资产阶级生活。

　　这幅画在 1882 年"第七届印象派画展"上展出，高更协助组织了此次展览，并展出了 13 幅自己的作品。然而，这幅画在处理手法上与同时期典型的印象派作品大相径庭。它比高更那个时期的大多数作品大了许多，也与高更的印象派友人们更为小巧而私人化的作品迥然不同。后者更习惯用便携式画布在露天场地作画。阴暗的色调成为一些评论家讨论的话题，与典型的印象派作品相比，这幅画显得较为沉重。不过，也许正是因为这幅画中规中矩的处理手法，以及它对家庭生活的描绘，促使梅特·高更一直将它私藏至 1917 年。

2 雪景
Snow Scene

1883 年；布面油彩；私人收藏

 1883 年，前一年股票市场的崩溃让高更的财务状况急转直下，他开始考虑转行。在这幅画中高更尝试效仿一些印象派风景画家。或许是因为想靠出售作品来赚钱，这幅画与他创作《卡塞街上艺术家的家里》（彩色图版 1）时期的作品截然不同。创作后者时，高更视自己为一个业余爱好者，作品也更矫揉造作。

 雪景是印象派的经典主题。在这样的场景中，画家可以研究色彩在雪白的表面上反射出来的效果，尤其为西斯莱（Sisley）所钟爱。但本画中天空和植物的处理手法更有莫奈在该时期的风格。自然随性的笔触和画的主题显示出这幅油画应当是在室外所作，但在该画另一幅更小的草稿上并没有前景中的两个人物。也就是说，该画是在草稿基础上经过了画室里的修饰才完成的。两个妇女是之后加上去的，这意味着此时高更的创作已经不完全受自然的束缚了。而且他当时就开始使用两位交谈的妇女的形象，此后这一形象还出现在他成熟期的作品当中，如《你何时结婚？》（彩色图版 32）。

3 画架旁的高更

Gauguin at his Easel

1885 年；布面油彩；65cm × 54.3cm；私人收藏，瑞士

　　1884 年 11 月至 1885 年 7 月，高更同妻子及家人居住在哥本哈根，并在那儿画下了这幅自画像。在寄给巴黎友人们的信件中，他记录了这段对他而言十分艰难的时期——他想念巴黎的文化生活，他讨厌丹麦人，尤其是妻子的家人，恶劣的气候使得他几乎无法在室外作画。他愈来愈多地被迫待在室内，并且没有模特，他的作品主题也透露出这样的局限性。更多作品是预先思量过的，他给修弗内克写道："最重要的是，别在一幅画上纠结太久。强烈的情感可以立即转化：去做梦，去寻找它最简洁的形式。"然而在实践中，尤其是从那抖动的笔触中可看出这幅画仍然很接近他早年的印象主义作品。

　　高更用浪漫的手法描绘出一个在阁楼上创作的寂寥身影，这为其此后的自画像定下了基调，他将把自己描绘成艺术的殉道者，并最终将在 1889 年的系列作品中（彩色图版 20、21、22、24）逐渐把自己塑造为基督。

4

静物与曼陀林
Still Life with Mandoline

1885 年；布面油彩；64cm×53cm；奥赛博物馆，巴黎

　　这幅静物画似乎具有很深远的个人意义，大约是高更与妻子和家人居住在哥本哈根期间，或是在他与克洛维斯返回巴黎不久后所作。背景中的油画是他收藏的阿曼·吉约曼（Armand Guillaumin，1841—1927）的作品，1881 年夏天高更曾与他一起作画。画中的曼陀林是高更旅途中必定携带的随身物品，而花瓶则与他次年同查普列特一起制作的十分相似。

　　此外，这幅作品也做了背景布置的尝试，桌上物件的蔓藤花纹与背景的横竖线条形成对比。此外，高更还用心挑选了颜色，牡丹与风景画中的橘色被墙壁和花瓶的蓝色衬托着。

5

迪耶普的海滩
The Beach at Dieppe

1885 年；布面油彩；新嘉士伯艺术博物馆，哥本哈根

    1885 年 7 月高更前往迪耶普，除了中间去伦敦待了几星期以外，便一直借宿在友人家，直到 10 月才离开。这期间海水浴的主题越来越吸引他，他在"第八届印象派画展"上展出了同样主题的另一幅作品（现藏于国立西洋美术馆，东京），在那幅作品里海浪中的女人们在画面中更为显眼。这一主题将逐渐变得更具象征性，而海浪也会成为性满足的隐喻。但在现阶段，这一题材尚存有自然主义风格与处理手法，使用短促的印象主义笔法，试图呈现日常场景。此外，海岸上围坐的 4 人与海中的人物明显地间隔开来。两拨人都是独立的，对彼此的存在毫无意识，高更将在《黄色基督》(彩色图版 20) 等作品中再次探索这一理念。

6 静物与马头

Still Life with Horse's Head

1885 年；布面油彩；私人收藏，巴黎

图 11
乔治·修拉：
《扑粉的年轻女子》

1889—1890 年；布面油彩；94.2cm × 79.5cm；
考陶尔德艺术学院美术馆，伦敦

　　1885 年初秋，高更到伦敦出差，这幅画或许正是此次旅途中所作。这幅作品相当独特，高更似乎有意将不同的文化元素融合在一起，并采用了前卫风格进行处理。马头借鉴了大英博物馆中展出的埃尔金大理石雕像，搭配了日本的团扇和当时巴黎流行的人偶。如此大量采用非西方元素的做法将在高更的作品中变成常态，他有意用其来营造出一种"原始"的韵味。而此画真正的独特之处在于其处理手法，类似《雪景》（彩色图版 2）中的早期印象派的松散笔触已系统地转变为这一时期修拉和西涅克（图 11）所擅长的点彩法。高更摒弃了印象派，并尝试以当时最前卫的巴黎画家的手法进行创作。

7

为《四位布列塔尼妇女》采风
Study for 'Four Breton Women'

1886 年；色粉画；48cm×32cm；布雷尔收藏馆, 格拉斯哥

　　1886 年夏，高更离开巴黎前往布列塔尼进行创作，他希望借此降低生活成本，也希望能找到美好的绘画素材。起初，他陶醉于乡村景致中，并写信告诉修弗内克："我爱布列塔尼，在这里我找到了野性与原始。当我的木靴踏在花岗岩的大地上嗒嗒作响时，我听到了一种浑厚、沉闷而有力的调子，而那正是我在绘画中所要寻找的。"

　　这幅色粉画画的应该是位模特，高更打算将其用作花瓶图案和回到巴黎过冬时创作的《四位布列塔尼妇女》一画的基础。19 世纪 80 年代，束身衣搭配白色女帽的传统服饰在平日里已经很罕见了，想必这位模特只是为了补贴家用才专门为画家穿上了这身行头。

四位布列塔尼妇女
Four Breton Women

1886 年；布面油彩；72cm × 91cm；巴伐利亚国家绘画收藏馆，慕尼黑

尽管这幅作品画的是布列塔尼的事物，但很可能是 1886 年冬，高更在巴黎凭借记忆和草稿（彩色图版 7）所作，这意味着此时高更已经在朝着综合主义的方向发展了。画面被故意扁平化了，画面重点放在了妇女们穿戴的白色头饰和小巧的披巾上，并通过省去地平线和采用饱和色彩的方法来刻意削弱画面的空间感和距离感。画面右边正在调整木靴的妇女形象是信手借用了《雪景》（彩色图版 2）庭院里的妇女。

尽管有着真实的"原始"感，这幅画展现的却是一幅精心打造的虚拟景象。画中妇女们穿着的华丽服饰早已被布列塔尼的村民们淘汰，只有在朝圣庆典时才会穿戴。部分得益于欣欣向荣的旅游业，那时村民的生活也相对富足。凭记忆作画使高更得以调和出一个比他所能找到的一切都更加接近于他的"原始"理念的布列塔尼生活景象（图 12）。

图 12
栅栏门旁的布列塔尼妇女
《布列塔尼人》画集

1889 年；锌版画；17cm × 21.5cm；国家图书馆，巴黎

9

静物与拉瓦尔
Still Life with Portrait of Laval

1886 年；布面油彩；46cm × 38cm；约瑟夫维兹收藏

图 13
保罗·塞尚：
静物与高脚果盘

1880 年；布面油彩；私人收藏，巴黎

1886 年夏，高更在阿旺桥结识了查尔斯·拉瓦尔，这位年轻的画家成为了高更的学徒。次年，两人一同踏上了去巴拿马和马提尼克岛的旅途。画中的拉瓦尔凝视着高更于 1886—1887 年冬在巴黎和陶匠查普列特一起工作时制作的陶罐，暗示了高更的导师角色。

在白布上的水果堆静物画，采用了密集的斜线笔法，有高更当时收藏的塞尚的《静物与高脚果盘》（图 13）的影子。另外，画面前方被突兀地截去了一半的人物头像则是在向德加致敬，高更与他一道参展了同年的最后一届"印象派画展"。

10

热带植物，马提尼克岛
Tropical Vegetation, Martinique

1887 年；布面油彩；116cm × 89cm；苏格兰国家美术馆，爱丁堡

图 14
保罗·塞尚：
圣维克多山

1885—1887 年；布面油彩；65cm × 81cm；
大都会博物馆，纽约

　　1887 年 4 月，高更同查尔斯·拉瓦尔踏上前往巴拿马的旅途，在巴拿马停留几周后便启程去往马提尼克岛，并在那里创作了这幅风景画。画中的景色是圣皮埃尔湾，背景是培雷（Pelée）火山。自早年的印象主义时期后，高更很少创作纯风景画，因此这幅画可以算是他罕见的作品。高更想要创作一片未受文明玷污的热带乐土的景象，也将为追寻这片乐土而前往塔希提。整个画面一致的笔触带来平面化的视觉效果和空间透视的缺失，它们与饱和的宝石般的色彩都是大量借鉴塞尚的结果，这一时期的高更仍深受其影响（图 14）。

11 两位沐浴的少女
Two Girls Bathing

1887 年；布面油彩；92cm × 72cm；国家美术馆，布宜诺斯艾利斯

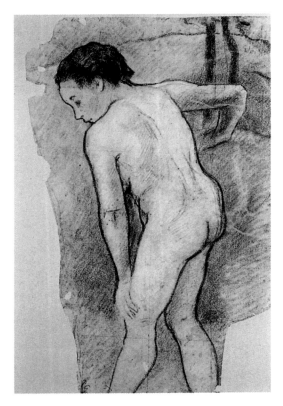

图 15
布列塔尼的沐浴者

约 1887 年；炭笔和色粉笔；58.4cm × 34.9cm；
芝加哥艺术学院，芝加哥

在《迪耶普的海滩》（彩色图版 5）等作品中，高更已经开始用沐浴作为主题进行创作，但在这幅画中他第一次尝试了描绘两位沐浴中的女性，并将在塔希提进一步发展这一主题的创作。这幅画于 1888 年 2 月在巴黎的布索和瓦拉东画廊（gallery of Boussod and Valadon）展出，无政府主义批评家费利克斯·费内翁（Félix Fénéon）评论道："画中下半身浸在水里的女性肩背宽厚，有着富人阶层的丰腴体态。近旁的草地上，长着一头硬邦邦短发的侍女一脸惊讶地站着，惊愕地瞪着瑟瑟发抖的同伴，左手扶着膝盖，犹豫着要不要迈出最后一步。"（图 15）

费内翁从阶级斗争的角度对该作品进行分析，因为画面中心那具雌雄莫辨的裸体无法再按传统的研究挑逗性裸体的方式去解读。实际上，画中的两个无名人物更接近于高更次年画的搏斗系列中的男性裸体。在这些作品中他尝试结合印象派的笔法，去达到一种整合的画面效果。

12

布道后的幻象（雅各与天使搏斗）

The Vision After the Sermon (Jacob Wrestling with the Angel)

1888 年；布面油彩；73cm×92cm；苏格兰国家美术馆，爱丁堡

　　自 1891 年起，这幅画便被认作是高更创作的分水岭，从此他终于摆脱了印象派的束缚，建立起属于自己的综合主义风格。然而，高更在之前的创作中，比如《四位布列塔尼妇女》（彩色图版 8），其实已经在朝此方向转变。这幅画之所以受到如此关注，是因为象征主义作家阿尔伯特·奥里埃在其同年发表的《绘画中的象征主义：高更》一文中选用该画来阐述其理论。他在文中描述这幅作品道："在那遥远的、美丽的山丘上，泥土红得发亮，圣经中雅各与天使的战斗正在上演……这两位传说中体格巨大的人物陷入一场恶战，但距离让他们看起来仿若小矮人。一群妇女在观战，兴趣盎然而天真无知，毫无疑问她们并不能理解那美丽的绯红色山丘上到底发生着什么……艺术家总是有权利去夸大一些有重大意义的东西（形状、线条、色彩等）或者将其缩小……这不仅仅是根据他个人的视角，（也是）……根据其所要表达的理念的需要。"

　　后来的评论家们也选择与奥里埃一样，将这幅作品中非自然主义的特征视作革命性的，而非高更风格的演变进程中的一部分。

13

静物与三只小狗

Still Life with Three Puppies

1888 年；88cm×62.5cm；现代艺术博物馆，纽约

1888 年 8 月 14 日，大概就在画下这幅静物时，高更在阿旺桥给修弗内克写信说："一句忠告话，不要太过照搬自然，艺术即抽象。探索自然，然后沉思随之而来的创造。这是升华并接近上帝的唯一方式——像造物主一样去创造。"

高更在布列塔尼时尝试过的刻意营造的"原始"感在这幅画中表现得尤为明显。同时，画家进一步探索了自己曾在《布道后的幻象》（彩色图版 12）中使用的分隔画法——所有物体都被勾勒了轮廓并古怪地与背景的桌布隔离开来。此画深受日本艺术的影响，画面构成很可能以歌川国芳的版画为基础。高视角，减少色彩空间，画面采用二维平面，并通过将物体分为 3 个一组来进一步增强刻意而为的天真感。

14

画向日葵的凡·高
Van Gogh Painting Sunflowers

1888 年；布面油彩；73cm × 92cm；凡·高基金会，阿姆斯特丹

图16
文森特·凡·高：
凡高在阿尔勒的卧室

1889 年；布面油彩；奥赛博物馆，巴黎

　　1888 年 10 月 23 日，高更搬到阿尔勒同文森特·凡·高一起生活创作，部分资金来源于提奥·凡·高，提奥通过每月支付高更生活费来交换他的油画，并请他与自己的哥哥作伴。两位画家一同创作了两个月，常常画同样的主题，却有着截然不同的处理方法（图 16）。高更在 8 月写给修弗内克的信中建议对方不要照搬自然，而凡·高却不愿采用这样的创作方式，也正如下方的画作展示的，凡·高更倾向于面对着创作对象记录下自己的印象。而高更在《画向日葵的凡·高》中再次采用了《静物与三只小狗》使用过的高视角，将事物平面化以便使用他与贝尔纳在布列塔尼建立的分隔主义风格进行创作。画中的对象，尤其是背景部分用拼接的平涂色彩进行了处理，每一块都进行了隔离与简化，就跟该风格名字来源的景泰蓝瓷器一样。[①]

① cloisonné，法语中的景泰蓝；cloisonnism，分隔主义。景泰蓝工艺中，常用"掐丝"来分割开色块。
　　　　　　　　　　　　　　　　　　——译者注

15

阿尔勒的夜间咖啡馆（吉诺夫人）
Night Café at Arles (Mme Giroux)

1888 年；布面油彩;73cm×92cm；国立普希金造型艺术博物馆,莫斯科

　　1888 年 11 月初文森特·凡·高写信告诉弟弟，高更正尝试画一幅自己已经画过的夜间咖啡馆。吉诺夫人是阿尔勒火车站咖啡馆的主人，凡·高自抵达阿尔勒米迪 (Midi) 以来便一直居住在这里。这家店也常有妓女光顾，高更在这幅作品的背景中描绘了她们当中的 3 人。高更写信向贝尔纳描述说："我画了令文森特青睐有加，而我自己却不大喜欢的咖啡馆。总的来讲，我没什么兴趣，当地粗糙的色彩并不适合我……最上面，有红色的墙纸和 3 个妓女，一个头上竖满了发卷儿，另一个背对着的围着绿色披肩。左手边，一个男人睡着了。还有一张台球桌。前方是一位画得还算不错的阿尔勒女人……一缕蓝色烟雾横穿过画面，但最前方的人物太端正了……"

　　这封信中还附上了草图，另外这幅画有两处签名（一处在大理石桌，另一处在台球桌沿），从这两点得以看出高更修改过这幅油画，添加了最左侧的人物以及同妓女们交谈中的男人。这两个人物和吉诺夫人，都是凡·高在其他作品中画过的。

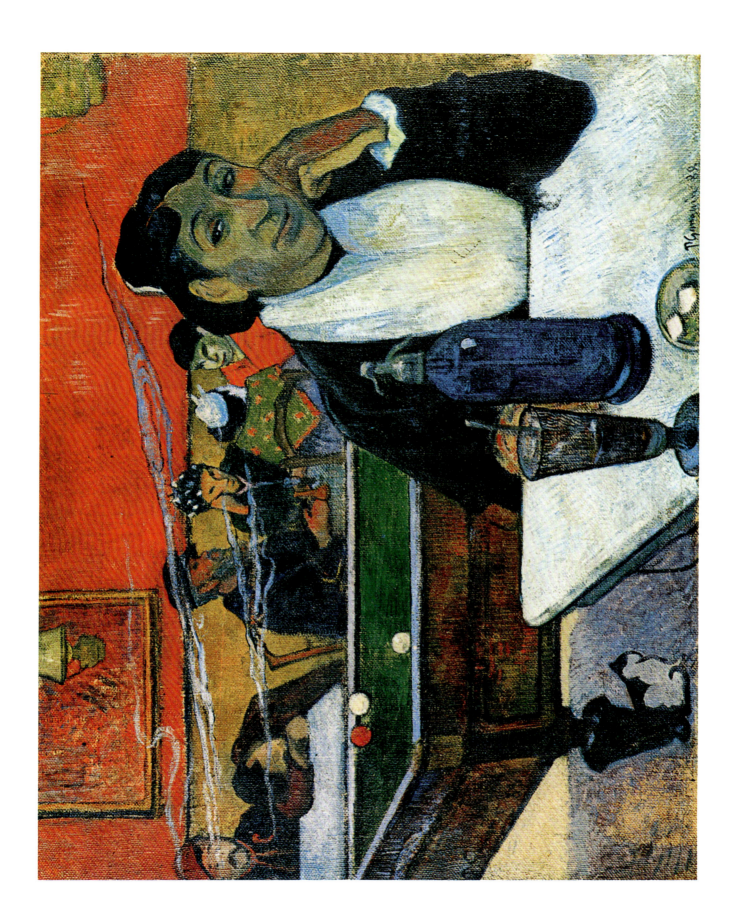

16

阿尔勒的妇人

Old Women at Arles

1888 年；布面油彩；73cm × 92cm；芝加哥艺术学院，芝加哥

　　1888 年秋，凡·高画了一系列以阿尔勒公共花园为题材的作品，这幅画是高更和他又一个选择同样题材的例子，于当年 11 月中旬完成。但两人的处理方法大相径庭：凡·高继续按照实物进行创作，而高更的版本则高度风格化，用几何化的图形做游戏，运用大胆的大片色彩。同时通过去除地平线和空间透视达到平涂的效果，这是受日本艺术影响的结果。背景的事物（水池、喷泉和长凳）仿佛用了俯瞰的视角，而前景和中景（包括裹了防冻稻草衣的小树）却又采用了平视的视角。前面的妇人是吉诺夫人，凡·高和高更都已经画过她。（《阿尔勒的夜间咖啡馆》，彩色图版 15）这幅画是提奥·凡·高 1888 年冬从高更那接手的作品之一。

17

阿尔勒收获葡萄（人类的痛苦）

Grape Harvest at Arles (Human Anguish)

1888 年；布面油彩；73cm × 92cm；奥德拉布豪收藏馆，哥本哈根

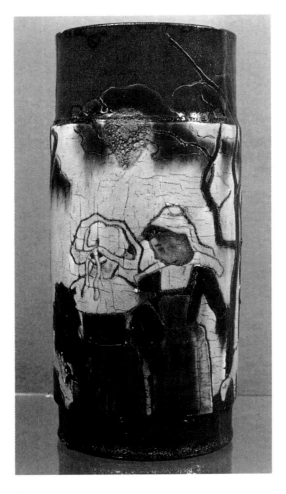

图 17

布列塔尼场景的花瓶

1887 年；皇家艺术与历史博物馆，布鲁塞尔

1888 年 11 月初，凡·高在写给提奥的信中提到："刚才（高更）在画一些葡萄园里的妇女，凭记忆画的，如果他不搞砸或者半途而废的话，这将是一幅非常棒、非常独特的作品。"除了这段话，这幅画是凭借想象而非依据现实所作还有一个证据，那就是画中的布列塔尼农妇们，那时高更已有好几个月没见过她们了。（图 17）

这幅画原本取名为《阿尔勒收获葡萄》，高更随后将其改名为《人类的痛苦》，以防这幅作品的象征性内涵被人忽视。画面前方蜷坐的女人直接取材于高更曾在巴黎的民族博物馆见过的秘鲁木乃伊，这一形象也将在画家此后的作品中反复出现，尤其是在"我们来自何方？"（彩色图版 44）中。她的姿势散发出悲伤和罪恶感，或许是性罪恶感，与她置身的丰收相对应，产生了讽刺感。的确，丰收的背景被处理得像水一样，前景仿佛是泛着泡沫的浪花，对高更而言，这象征着对女性的性遗弃。这幅画也许是在表现被引诱之后的场景，高更将在《失去童贞》（彩色图版 27）中全面地探索这一主题。

18

海边的布列塔尼女孩
Breton Girls by the Sea

1889 年；布面油彩；92cm × 73cm；国立西洋美术馆，东京

    在画这幅作品时，高更已经试遍了所有方法来表现阿旺桥布列塔尼生活的"原始"感，然而阿旺桥已经愈来愈商业化。高更于 1889 年 7 月和 8 月，随后又于 10 月前往了偏远的勒普勒杜，试图在那里为自己的创作采集到布列塔尼生活中更为异域的元素。这幅油画体现了高更当时纠结的情绪。作品主题同《四位布列塔尼妇女》（彩色图版 8）一样美好，定会吸引那些对遥远又古老的布列塔尼生活满怀迷思的巴黎受众。然而，他又刻意地制造出粗糙感，将女孩的脚放大到令人反感的程度，并配上凶巴巴的表情来削弱画面的吸引力。通过将两具相互连接的身躯置于多彩而简明的背景上，高更尝试创造出一个强力的图像，此后他将在塔希提创作的《你何时结婚？》（彩色图版 32）中再次使用这样的图像。

早安！高更先生

Bonjour Monsieur Gauguin

1889 年；布面油彩；113cm × 92cm；国家美术馆，布拉格

图18
居斯塔夫·库尔贝：
你好，库尔贝先生

1854 年；布面油彩；129cm × 149cm；
法布尔艺术馆，蒙彼利埃

　　高更画这幅画是为了回应他和凡·高于 1888 年 12 月在蒙彼利埃的法布尔艺术馆见到的一幅库尔贝的作品——《你好，库尔贝先生》（图 18），它原本由布鲁亚斯（Bruyas）收藏。高更几个月后创作的这幅作品同原作相比，表面上看似乎并无相似之处。库尔贝的原画中，画家把自己描绘成游荡的犹太人，在去蒙彼利埃的路上遇见了资助人布鲁亚斯及其随从。布鲁亚斯向画家致脱帽礼，随从毕恭毕敬地低着头站在一旁。库尔贝将自己描绘成具有浪漫气息的角色，一个被世人所误、富有创造力、跳出了资产阶级社会规范的天才，如此塑造自己的形象，展现出了 19 世纪画家地位的改变。而高更在自己的作品中响应的正是这一点，尽管构图和人物截然不同，但原作的风味被保留下来。在高更早期的自画像，如《画架旁的高更》（彩色图版 3）中，他已经将自己塑造为艺术殉道者的形象，而到了 1889 年这一形象将在《绿色基督》（彩色图版 21）和《橄榄园中的基督》（彩色图版 22）中到达高潮。

20

黄色基督
Yellow Christ

1889 年；布面油彩；92.5cm×73cm；奥尔布赖特－诺克斯美术馆，布法罗

《黄色基督》是高更继一年前创作《布道后的幻象》（彩色图版12）后，第一次回归宗教主题。实际上这两幅作品也颇具相似之处。本质上它们都是综合主义的，提炼出主题的精华并进行爆发式的渲染，凭借色彩的运用来传达象征意义。两幅画有着共同的主题：诉说布列塔尼村民的淳朴天真。他们凭借信仰将一座基督的雕像化作了生动的耶稣受难场景，而这座雕像实际上借用了高更在阿旺桥附近的特马罗教堂里临摹下来的着色木雕十字架上的形象。将这类民间艺术作为自己作品中的一部分，是高更描绘"原始"图像的诀窍，这种方法也在他稍后创作的《绿色基督》（彩色图版21）中有所使用。

奥克塔夫·米尔博（Octave Mirbeau）在1891年描述此画时说："在一片黄色的风景中，那是种奄奄一息的黄，在那布列塔尼的山头，秋天的尽头幻化成一缕哀伤的黄色，沉重的天空下，有一尊木刻受难像，它拙劣、腐朽、松垮，扭曲的胳膊伸向空中……可怜巴巴而又蛮鄙的基督像被抹成黄色。在受难像的脚下，跪着几位村民……这尊木雕基督的哀伤感不可言喻，那颗头颅充满了可怕的哀伤……他看着跪拜在自己脚下的那群无知的可怜人，仿佛在问自己：'我的殉难是否只是徒劳？'……"

图19

自画像和黄色基督

1889 年；布面油彩；38cm×46cm

21

绿色基督（布列塔尼十字架）
Green Christ (Breton Calvary)

1889 年；布面油彩；92cm × 73cm；比利时皇家美术博物馆，布鲁塞尔

　　同《黄色基督》中的雕像一样，《绿色基督》中的雕像出自高更在阿旺桥附近的尼松见过的覆盖着苔藓的石刻受难像。他再次着手创作宗教信仰对布列塔尼妇女影响的主题，画中的妇女蹲伏在基督下葬像的面前，现实与虚幻的图像交融在一起，这一手法在《布道后的幻象》（彩色图版 12）和《黄色基督》（彩色图版 20）中已经尝试过。跟以往一样，赋予画面平衡的日常景象是背景中对这一切显然漠不关心的人物——一名从海边归来的海藻打捞者。

　　这幅画或许是"耶稣受难记"中随后出现的场景——《黄色基督》中明亮的色彩在这里被深沉的色调取代，基督的躯体被人从十字架上取下来。基督的面庞是略加掩饰的高更自画像，这是高更又一幅以殉道者为主题的作品，他将自身遭受的磨难与基督相类比。而将画家当作一个特殊个体的理念大概因他这一时期阅读托马斯·卡莱尔（Thomas Carlyle）的作品而受到强化，在他创作的比利时画家雅各布·迈耶·德哈恩（1852—1895）的肖像中，高更明确地提及了卡莱尔的作品。

22

橄榄园中的基督
Christ in the Garden of Olives

1889 年；布面油彩；73cm × 92cm；诺顿美术馆，西棕榈滩

图 20
高更写给凡·高的信，附带《橄榄园中的基督》草图

当凡·高收到高更寄来的草图和手稿（图 20）后，他在写给提奥的信中谈及高更和贝尔纳的作品："……之前画的那些花园里的基督惹恼了我，对事物的观察在那些画里一点儿都没有。当然，我本人绝不会画《圣经》里的东西。我也写信告诉过贝尔纳和高更，我们的任务是去思考，而不是去做梦，所以看到这幅作品我非常惊讶，他们竟然走得这么远……"

在这幅画中，高更又回到了"耶稣受难记"里的场景，这次是发生在《绿色基督》（彩色图版 21）和《黄色基督》（彩色图版 20）之前的故事。画中阴沉的色调点明了他的孤立和即将做出的献身，衬托出他火焰般明亮的头发，笼罩一切的风景更加强了疏离感。画家再一次不加遮掩地将自己比作基督。

23

加勒比女人与向日葵

Caribbean Woman with Sunflowers

1889 年; 布面油彩; 64cm×54cm; 私人收藏, 纽约

　　1889 年 10 月, 高更回到勒普勒杜, 和迈耶·德哈恩一同居住在玛丽·亨利的旅馆里。不久, 俩人便开始着手装饰旅馆的餐厅。这幅画是高更装饰的一块木板, 同第二版的《早安! 高更先生》一起悬挂在门廊入口处。由于这是幅装饰画, 高更可以采用他在早期作品中的那种高度风格化的图形、大胆的色彩和抽象的形式。僧侣般的女性形象, 是他借鉴了同年早些时候在巴黎世博会见过的非西方艺术的造型, 其中对他影响最深的便是法属殖民地艺术。画中女性的姿势实则也借鉴了一张爪哇婆罗浮屠寺庙的照片, 并将出现在后来的塔希提作品当中, 包括《我们朝拜玛利亚》(彩色图版 31)。后者同《加勒比女人与向日葵》一样, 两幅画都没打算模仿地多么逼真, 而是要糅合不同的文化以期营造一种富有泛神论意味的图像, 以及刻意强调的"野蛮"和"原始"感, 而这正是高更在布列塔尼越来越难以寻得的东西。

24

有光晕的自画像
Self-Portrait with Halo

1889 年；布面油彩；79.2cm × 51.3cm；国家美术馆（切斯特·戴尔收藏），华盛顿特区

　　同《加勒比女人与向日葵》（彩色图版 23）一样，这幅作品也是用来装饰玛丽·亨利餐厅的，画在一个柜子的门上，其对面是迈耶·德哈恩的肖像。这两幅画得放在一起解读，才能让人明白其中丰富的符号意义。

　　高更的头从简化的黄色天使翅膀中伸出来，在红色背景的反衬下，象征着他性格中恶魔的一面。苹果与毒蛇喻指伊甸园与弥尔顿的《失乐园》（该书出现于迈耶·德哈恩的肖像中）。苹果的性暗示也许有着更为隐私的解释——象征着高更对于迈耶·德哈恩与玛丽·亨利情事的妒忌。高更再一次随心所欲地借用了不同的文化元素，创造出一幅奔放的装饰作品，将基督教肖像与日本版画处理手法相结合。

海藻收捞者
The Seaweed Harvesters

1889 年；布面油彩；87.5cm×123cm；弗柯望博物馆，埃森

在给凡·高的信中，高更提到这幅 1889 年 12 月于勒普勒杜完成的作品："我正在画一幅妇女们在海滩上拾海藻的作品。我把她们画成像盒子一样等距地立着，在严寒中仍穿着蓝色裙子戴黑色头饰。她们拾去做肥料的海藻是赭色的，带着茶色光泽。或许是因为潮湿的缘故，沙滩是粉色而不是黄色的，而大海有着更深的颜色。我每天都看着这样一番景象，它仿若一阵风，让我突然意识到生命的挣扎与悲伤，以及我们对残酷的自然法则的臣服。我想把这样的意识有条理而非随意地呈现在画布上，或许通过夸大妇女姿势的僵硬感和加深一些颜色。这虽然有些循规蹈矩，但换个角度看，绘画中有什么真正能称得上是自然的呢？从一开始，有关绘画的一切便是规矩……"

这幅画既表现了对自然的忠实（他把沙滩涂成了眼睛所看到的粉色，而不是一般所认为的黄色），又包含着动笔前的精心谋划。同时，他意识到自己仍在某些既定的传统规范内创作——比如通过扭曲的四肢和放大的双手来体现劳动的沉闷单调，他也许在米勒（图 21）或凡·高的村民生活画中见过类似的表现方式。

图 21
让－弗朗索瓦·米勒：
拾穗者

1857 年；布面油彩；83.5cm×111cm；
奥赛博物馆，巴黎

26

火腿
The Ham

1889 年；布面油彩；50cm×58cm；菲利普收藏馆，华盛顿特区

图 22
**让·巴蒂斯特·夏尔丹：
茶壶**

1764 年；布面油彩；32.5cm×40cm；
美术博物馆，波士顿

这幅静物大概是受了马奈 19 世纪 70 年代中期的一幅类似作品影响，高更也许是 1888 年在德加家里看到了这幅画（现藏于格拉斯哥布雷尔收藏馆）。静物画的创作贯穿了高更的整个艺术生涯，它们大多是在高更找不到模特时画的。他收藏了塞尚的一幅好范本——《静物与高脚果盘》（图 13 ），并将其画在了《女人肖像和塞尚的〈静物〉》的背景中（图 24 ）。

高更的作品展现出与夏尔丹在 18 世纪建立的法国静物画传统的决裂，后者通过描绘食物的质地与色泽以呈现出其感官特质（图 22 ）。与之相反，高更将物体精炼，尽可能地简化，使桌面的洋葱与火腿并排形成美妙的弧线，与墙纸的线条相互交错。

失去童贞（春之苏醒）
The Loss of Virginity (The Awakening of Spring)

1891 年；布面油彩；90cm×150cm；克莱斯勒博物馆，诺福克，弗吉尼亚

图 23
**爱德华·马奈：
奥林匹亚**

1863 年；布面油彩；130.5cm×190cm；
奥赛博物馆，巴黎

这是高更于 1891 年 4 月初前往塔希提前的最后一幅重要作品。尽管描绘的是布列塔尼景象——背景的人群被认为是对一场婚礼的嘲讽式描绘——这幅画却是在巴黎所作，以高更 20 岁的情人朱丽叶·休特为原型，随后高更便抛下她和她肚中的骨肉去了塔希提。画中躺着的裸女显然源自最终被法国政府购下的马奈的《奥林匹亚》（图 23）。

这幅作品刻意尝试运用象征主义绘画手法以吸引文人们——也是高更当时主要的资助者。因此画中大量使用了象征符号，不像往常一样仅仅是为了营造一种氛围，高更进一步采用了一系列能够轻易解读的视觉线索。比如，前爪放在女人的胸口的狐狸，它是邪恶而狡猾的。而红边的仙客来①则象征着女孩受到了玷污。

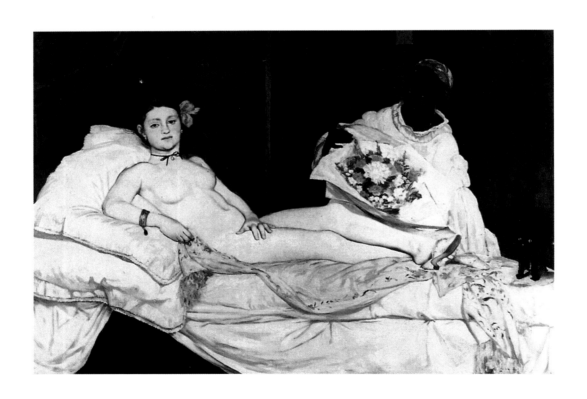

———————
① 植物名，原产希腊、叙利亚、黎巴嫩等地。

———编者注

28

持花的女人

Vahiné no te Tiare (Woman with a Flower)

1891 年；布面油彩；70cm×46cm；新嘉士伯艺术博物馆，哥本哈根

　　抵达帕皮提后，高更失望地发现欧洲人的殖民活动已经将曾经塔希提王国的首府变成了一座破败的欧洲化城市，于是他在 1891 年 9 月前往了 45 公里外的马泰亚，并在那里创作了这幅画。

　　这是他第一幅重要的塔希提肖像画，画中人显然因担任模特而诚惶诚恐，坚持要穿上最好的周日礼服。这套衣服也展现出欧洲殖民活动对塔希提当地人的影响——妇女们逐渐摒弃了传统的纱笼，更加青睐基督教传道士鼓励她们换上的包裹得更严实的西方服饰。高更所追寻的田园般的存在又一次被西方文明所玷污。

29

穿红裙的女人

Faaturuma[①] (Reverie)

1891 年；布面油彩；92cm × 73cm；尼尔森－阿特金斯博物馆，堪萨斯城

　　《穿红裙的女人》的创作对象可能是蒂哈阿曼娜，高更在马泰亚的"妻子"。室内背景、墙上的画、高更从帕皮提带来的摇椅、显眼的戒指都说明这或许是一幅 19 世纪的婚约像。

　　沉思女人的形象在西方艺术中由来已久，而高更则将其嫁接到塔希提模特身上。他在塔希提创作的早期肖像画（包括《持花的女人》，彩色图版 28 ），显示出他对缺乏原汁原味的波利尼西亚文化作为他的创作源泉感到失望，并尝试糅合西方传统与塔希提模特。直到 1892 年他读了莫伦豪特的书，才开始引用几乎被西方殖民活动和传教士摧毁的塔希提本土神话传说。

---

① 高更为此画取名为"Faaturuma"，意为"白日幻想"。国内多根据此画主题将其命名为"穿红裙的女人"。
　　　　　　　　　　　　　　——编者注

30

用餐（香蕉）
The Meal (The Bananas)

1891 年；布面油彩；73cm × 92cm；奥赛博物馆，巴黎

图 24
女人肖像和塞尚的《静物》

1890 年；布面油彩；61.6cm × 51.4cm；
芝加哥艺术学院，芝加哥

    在这幅作品创作的后期阶段，高更才将其从一幅纯粹的塔希提水果静物画变成一幅风俗画。他往画上加上了 3 个小孩的半身像，以及背景中可透过门廊看到的景象。画中物体的排列，硕大的木钵、白色桌布和刀，都与他收藏的塞尚的静物画（图 13）惊人的相似。虽然他并没有把此画带到塔希提，却在前一年将其画在了《女人肖像和塞尚的〈静物〉》（图 24）的背景中，而高更对它的记忆也清晰地反映在此画中。

我们朝拜玛利亚
Ia Orana Maria (Hail Mary)

1891年；布面油彩；114cm × 89cm；大都会艺术博物馆，纽约

　　在高更 1892 年 3 月 11 写给他的朋友兼其驻巴黎的展览销售负责人丹尼尔·德·蒙弗雷的信件中，他描述了这幅精心创作的油画："黄色翅膀的天使让长着塔希提人面孔的玛利亚和耶稣在两位裹着纱笼的塔希提妇女面前显灵……背后是静谧的山峦和繁花盛开的树。深色的紫罗兰小径，前方翠绿色的地面，左边还堆着香蕉。我对它相当满意。"

　　高更又回归到关于宗教信仰对淳朴人民的深远影响的主题，这在他布列塔尼期间最为重要的作品当中多次出现。高更将基督教图像与塔希提主题进行糅合，这看似信手拈来，实则是精心设计的结果。背景人物的姿势取材于高更随身带到塔希提的爪哇婆罗浮屠寺庙照片中的浮雕。

32

你何时结婚?

Nafea Faa Ipoipo (When Will You Marry?)

1892 年; 布面油彩; 101.5cm × 77.5cm; 艺术博物馆, 巴塞尔

1893 年, 当高更把这幅画挂在杜朗－卢埃尔画廊里时, 它的定价是 1500 法郎, 高于当时展出的其他任何作品, 他对这幅作品的重视程度可见一斑。画中的异域风情保证了它对巴黎受众的吸引力, 高更细心写在画上的标题也展示出他对目标受众的掌控。画中后方的女人似乎在询问她的女伴, 而后者期盼早日出嫁的意愿则通过别在耳后的花朵传达出来。选取塔希提的婚嫁作为主题显然是为了呼应风靡一时的畅销书《洛蒂的婚姻》, 作为本书读者之一, 高更希望借此吸引其他读者。正是此书塑造了当代西方人眼中气质慵懒的塔希提妇女形象。

33

游魂

Manao Tupapau (The Spirit of the Dead Keeps Watch)

1892 年；布面油彩；73cm×92cm；奥尔布赖特－诺克斯美术馆，布法罗

　　《游魂》的灵感源自两个地方：高更于 1891 年描摹下来的马奈的《奥林匹亚》，以及他于 1892 年阅读的莫伦豪特的《大洋上的小岛之旅》。《大洋上的小岛之旅》记载了在高更抵达塔希提前，因西方殖民活动几乎消失殆尽的波利尼西亚习俗和宗教仪式。这部最早出版于 1837 年的著作，也启发了高更在 1893 年回到巴黎后写下了《诺阿·诺阿》并在其中描述了《游魂》。但或许 1893 年，在他写给在哥本哈根筹办展览的梅特的信中，他更好地阐释了这幅画的精髓："我画了一名裸体的女孩。她的姿势，不值一提，还有些不雅，但这正是我想要的。那些线条和动作令我着迷。我必须让她看上去有一点惊恐……这里的人有敬畏亡魂的传统……背景有些花朵，不是真实的，而是想象的花朵，我把它们画得像火花一样。卡纳卡人（Kanaka）惧怕夜间的磷火，认为那是亡魂。然后，我把亡魂画成了一个小妇人，因为那个女孩……只能把死亡想象成像她自己一样的人……最后，这幅画相当简洁，它的动机是野蛮而孩子气的。"

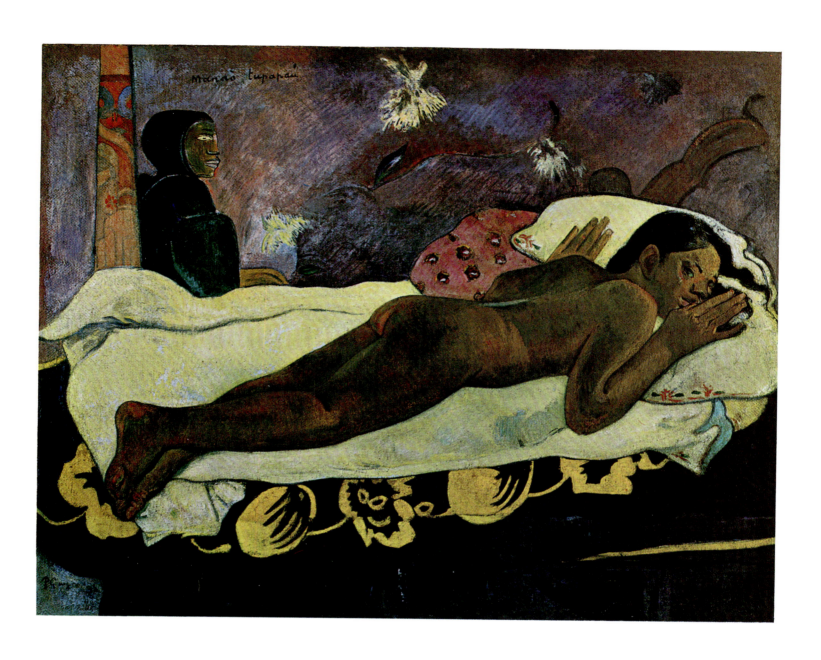

34

市井一角
Ta Matete (The Market)

1892 年；布面油彩；73cm×92cm；艺术博物馆，巴塞尔

由于塔希提的本土文化已所剩无几，高更开始逐渐从多种文化汲取所需营养以创造出一个虚拟但令人信服的热带乐土生活。读过莫伦豪特的作品后，高更构造出一个充满神秘的过去的塔希提；他从自己带去塔希提的一系列照片和插图中提炼出所谓的"原始文化"，并将这种文化强加于塔希提主题上，试图营造出真实的"野蛮感"。在《市井一角》中，人物的姿势借鉴了他在大英博物馆看过的埃及底比斯墓葬中的壁画。在这幅作品中，高更坚持沿用了关于爪哇寺庙的照片上雕带的人物构图，女人要么是正脸，要么是僵硬的侧面。

作品描绘了为满足殖民者的需求，而常聚集在帕皮提集市上等待顾客的妓女们。高更保留了原本的异教徒手势，似乎是在嘲讽塔希提人为迎合西方人而受到局限的性意识。

在海边

Fata ta te miti (Near the Sea)

1892 年；布面油彩；68cm×91.5cm；国家美术馆（切斯特·戴尔藏画），华盛顿特区

　　1889 年，高更创作了两幅分别题为《生与死》（*Life and Death*）与《水中仙》（*Ondine*）的画作。后者（现藏于克利夫兰艺术博物馆）描绘了一位裸女的背面，她荡漾在波浪里，同样的形象于《在海边》中再次出现，但被放置在塔希提风俗画背景中。在《水中仙》中，高更采用的主题是水精灵的神话，她们只有通过与男人产子才能化作人类。在《在海边》中高更再一次探索了通过交媾的愉悦而获得解放这一主题，而《失去童贞》的别名《春之苏醒》（彩色图版 27）也恰恰暗示了这一点。《在海边》一画中，性遗弃在波利尼西亚被视作生活自然韵律的一部分（两个女人并不为背景中的渔民所惊扰），这是大受欢迎的《洛蒂的婚姻》中的重要概念。高更在去塔希提前已读过这本精心编撰以吸引巴黎读者的著作。

36

大溪地田园曲
Tahitian Pastorals

1892 年；布面油彩；86cm × 113cm；艾尔米塔什博物馆，圣彼得堡

    在 1892 年 12 月写给巴黎的友人丹尼尔·德·蒙弗雷的信中，高更介绍了这幅作品和其他两幅小型油画："它们是我最好的作品，再过几天就到 1 月 1 日了，因此我在最优秀的一幅作品上写下了 1893 年。和以往不同，我给它取了个法语名字'Pastorales Tahitiennes'，因为在南方海岛的语言中找不到对应的名字。"

    高更的塔希提作品标题的重要性绝不容小觑，且常常是用巨大的字符写上去。它们给绘画增添了另一个层面的意义，也说明高更在试图通过古怪的、隐喻的名称唤起巴黎人对田园景色的想象，画中的人物就在那诡谲的永恒之地自由地游荡。

手拿水果的女人

Ea haere ia oe? [①] (Where Are You Going?)

1893 年；布面油彩；91cm × 71cm；艾尔米塔什博物馆，圣彼得堡

　　高更绘画的标题极其重要，但它们的意义有时却十分隐晦，而作者的选择似乎也相当任性。对于这幅画，我们就难以揣测画中人物是谁，又出于什么原因提出了这个问题。但女人坚定的注视似乎是在向观看者直接发问，抑或是这位典型的塔希提妇女在询问画家本人，因为高更将于同年晚些时候离开波利尼西亚。若是后者，那么妇女搂在胸前的熟透了的热带水果，便象征着高更因返回法国的"文明社会"中而不得不放弃的感官上的满足。画中还引用了其他作品中的元素，尤其值得注意的是《你何时结婚？》（彩色图版 32）中蹲坐的少女，似乎进一步象征了他将怀念的一切。

---

① 塔希提语，意为"你要去往何方？"。
　　　　　　　　　　　　　　　　　　　　——编者注

38

月亮与地球
Hina tefatou (The Moon and the Earth)

1893 年；布面油彩；112cm × 61cm；现代艺术博物馆，纽约

图 25
《毛利人的古老崇拜》中的一页

卢浮宫，巴黎

　　高更在《毛利人的古老崇拜》①中摘录了莫伦豪特书中的这段神话，此后又将其写在《诺阿·诺阿》中，并用同样的主题创作了此画和一幅木版画。画中希娜（月亮）恳求特法图（Tefatou，地球）给予人类不死之身。在《毛利人的古老崇拜》（图 25）中高更写道："希娜对特法图说：'让人活着吧，或让他起死回生。'特法图答道：'不，我不会让他重生。土地会死亡，植物会死亡，而它们所养育的人类也将像它们一样死去。'希娜回答说：'悉听尊便，不过不管您怎么做，我的月亮将可以恢复生命。属于希娜的一切将永远活着；属于特法图的一切却终将消逝，而人也定有一死。'"

　　这幅画是 1893 年 11 月高更在杜朗-卢埃尔画廊展览的作品之一。当时展出的都是他的新作：几座雕像、3 幅布列塔尼画、41 幅塔希提作品。最终有 11 幅作品售出，艺术家德加购下了《月亮和地球》。

────────────

①《毛利人的古老崇拜》是高更在塔希提时作的一部
笔记，当中有关于塔希提原始宗教的记述。
　　　　　　　　　　　　　　　　　　——编者注

39

拿调色板的自画像
Self-Portrait with a Palette

约 1894 年；布面油彩；92cm × 73cm；私人收藏

　　这幅自画像回归到创作于 1885 年哥本哈根的《画架旁的高更》（彩色图版 3）的主题。两幅画中，画家都聚精会神于面前的工作，手持调色盘，眼睛斜乜着。从意境上讲，《拿调色板的自画像》展现出画家的自信，那时的高更刚刚在巴黎最负盛誉的画廊举办了个展，这无疑是成功的标志。他获得了巴黎先锋作家的支持，并开始着手写作《诺阿·诺阿》，试图借此"让人们更加了解"他最新的塔希提作品。

　　这幅画献给了诗人查尔斯·莫里斯（1860—1919），他同高更于 1893—1895 年携手创作了《诺阿·诺阿》。这意味着这幅作品是高更在巴黎期间所作，而内容则取材于 1888 年的一张照片。

拿调色板的自画像

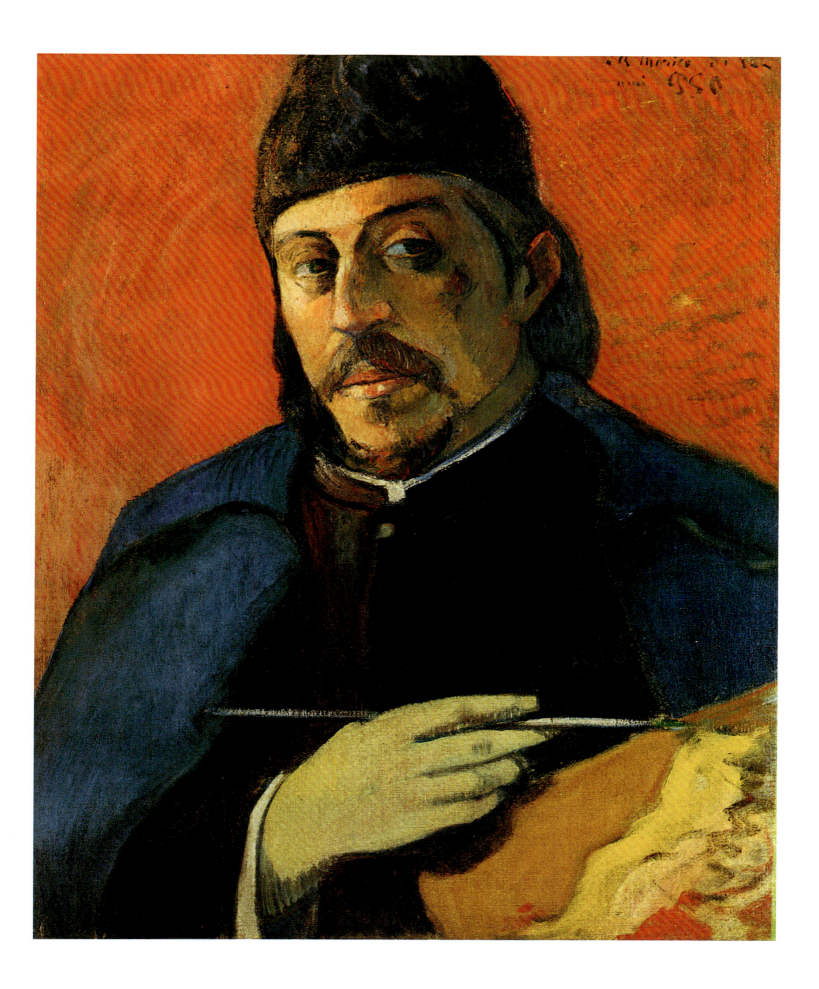

40 爪哇姑娘安娜

Aita tamari vahine Judith te parari
(Annah the Javanese)

1893—1894 年；布面油彩；116cm × 81cm；私人收藏

　　1894 年 1 月初，高更搬进了巴黎韦辛格托里克斯街上的一套公寓里，将墙面刷成铬黄色，并挂上了自己和剩余不多他收藏的其他画家的作品，其中包括塞尚和凡·高。高更通过画商安布罗斯·沃拉尔德（Ambroise Vollard）认识了 13 岁的安娜，并与她开始了同居生活。尽管安娜的名字听起来相当异域，但实际上是辛加人（Singalese）。这幅作品一般被视作是对安娜和她的宠物猴塔奥亚（Taoa）的描绘。

　　画上用塔希提语写着一句话，意为"未受玷污的女孩茱蒂丝"，看似与此画的主题毫无关系。有人认为这句话指的是与安娜同为 13 岁的茱蒂丝·穆拉德，高更的友人威廉·穆拉德的女儿。通过借鉴马奈在《奥林匹亚》（图 23）中运用的冷静笔法，并在标题中暗指不谙性事的茱蒂丝，高更或许是在讥讽茱蒂丝的小资产阶级父母施加给她的限制。而这对父母，自然读不懂画的标题。

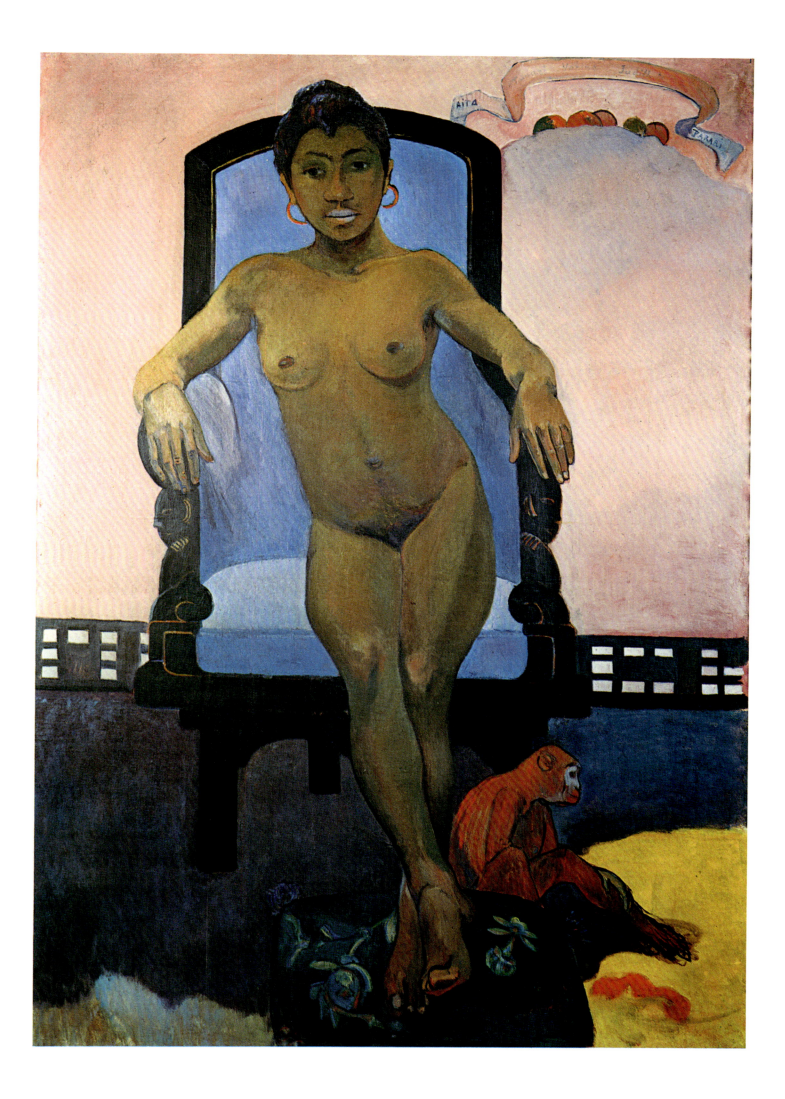

41

神日
Mahana no atua (The Day of the God)

1894 年；布面油彩；66cm×108cm；芝加哥艺术学院（海伦·柏奇·巴勒特收藏），芝加哥

    高更再次前往塔希提前，在巴黎生活了两年。这期间他忙碌于一系列工作，包括在杜朗-卢埃尔画廊展出新作和撰写《诺阿·诺阿》，这使他几乎无法抽出时间去探索新的绘画主题。因此，他便回归自己最为喜爱的领域，并试图以此来巩固他作为异域画家的声誉。《神日》大概是在画廊个展结束后不久创作的，呈现出同《诺阿·诺阿》类似的虚拟的塔希提生活，其中大部分的想法源自莫伦豪特的《大洋上的小岛之旅》。这本书给高更的写作、绘画和雕刻提供了大量灵感。该画的画面围绕着上部中间的神展开，其形象融合了莫伦豪特所描述的复活节岛石像与高更收集的婆罗浮屠寺庙照片中的神像。而作品借鉴的雕带的人物构图与画面本身晦涩的内涵更增加了整幅画的仪式感。

42

雪中的布列塔尼村庄

Village under Snow

1894 年；布面油彩；65cm × 90cm；奥赛博物馆，巴黎

图 26

古斯塔夫·卡耶博特：
雨天的巴黎街道

1877 年；布面油彩；212.1cm × 276.4cm；
芝加哥艺术学院，芝加哥

　　这幅画的创作时间应该是 1894 年初，当时高更还画了另一幅雪景，也就是《雪中巴黎》（*Paris in the Snow*；收藏于阿姆斯特丹凡·高美术馆）。在巴黎的两年间，高更的创作数大不如前——大把的时间花在了杜朗-卢埃尔画廊个展的筹备工作和写作事业上。因此，这期间的他不多作品在主题选择和处理手法上都无创新之处。这幅风景画同他印象派时期创作的一些作品极为相似——细小的笔触同塔希提的作品中大片色块平涂的方法截然不同。画中印象派手法与主题的复兴，或许是受了同年卢森堡博物馆得到的卡耶博特（Caillebotte）遗赠的影响，这也是法国政府首次获得大量印象派绘画藏品（图 26）。

43

永远不再

Nevermore

1897 年；布面油彩；60.3cm × 116.2cm；考陶尔德艺术学院美术馆，伦敦

1897 年 2 月 14 日，高更在写给友人丹尼尔·德·蒙弗雷的信中描述道："我想再画一幅油画同别的一起寄过来，不知是否来得及……我不确定自己的感觉对不对，但我想这会是一幅好画。透过一具简洁的裸体，我想传达一种久远而野蛮的奢华。它浸染在刻意深沉而忧郁的色彩中……题目叫作《永远不再》，并不是埃德加·坡的乌鸦，而是永远窥伺着的恶魔之鸟。画得有些拙劣……但这并不碍事儿，我想这是一幅好画……"

同《游魂》（彩色图版 33）一样，这幅作品也是以马奈《奥林匹亚》（图 23）为基础自由发挥而成。1891 年高更去塔希提前描摹了《奥林匹亚》。同之前的作品一样，《永远不再》也在试图传达躺在前面的塔希提妇女因迷信产生的恐惧。尽管高更否认此画与埃德加·爱伦·坡在 1875 年发表的《乌鸦》一诗有任何关联，这一关联却又太过明显，尤其此诗在高更与之往来的文学圈里相当出名，其法语版由马奈作插画。

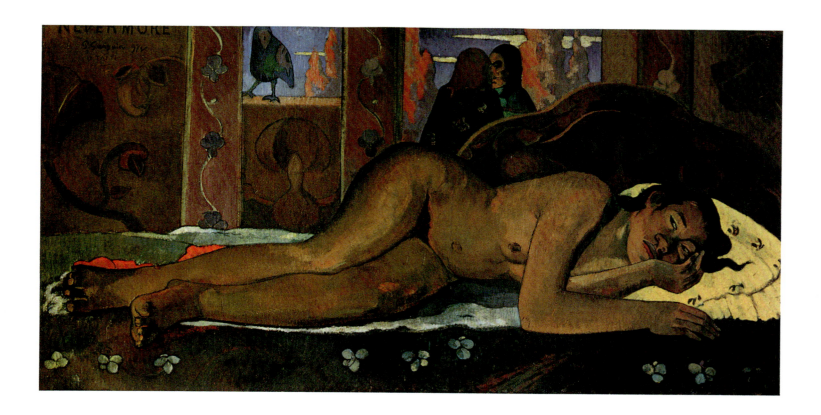

44

我们来自何方？我们是谁？我们向何方去？

Where Do We Come From? What Are We? Where Are We Going?

1897 年；布面油彩；141cm × 376cm；美术博物馆（亚瑟·戈登·汤普金斯遗产基金），波士顿

1898 年 2 月，在写给丹尼尔·德·蒙弗雷的信中，高更声称自己在没有草图的基础上创作一幅大型油画，画在了粗糙的麻布上，花了不到一个月的时间。他用了冗长的篇幅描述这幅画，解释说应该从画面右下方熟睡的婴孩开始看，一直看到左侧蜷伏着的老妇人。他总结道："我完成了一幅充满哲思的作品……是幅好画，如果我有力气描摹下来的话，我会寄给你的。"画完这幅作品后，高更吞服砒霜自杀未遂。这幅画也因此被视作高更艺术生涯的总结。

然而，实际中存在的一张精密而详细的草图（图 27），给这个故事的真实性打上了问号。高更自然有充分的理由去自杀：他身患重病，并且刚刚得知了爱女阿琳的死讯。但同样的，他也有可能是试图将自己绘画和写作过程中不断创造并累积的艺术殉道者神话做一个整合。留下这样一幅庞大而复杂的油画作为他最后的杰作，无疑确保了他死后在巴黎艺术界的声誉。

图 27

《我们来自何方？我们是谁？我们向何方去？》草图

1897 年；卢浮宫，巴黎

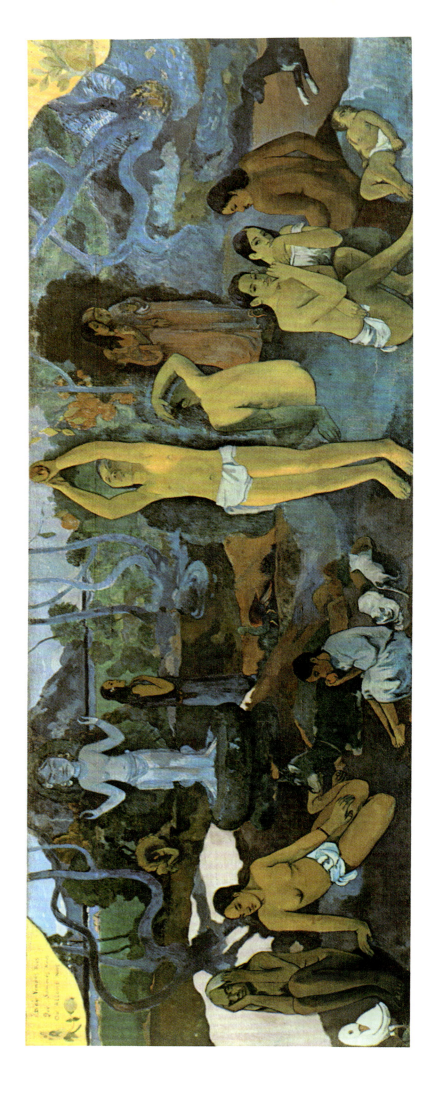

45

白马
The White Horse

1898 年；布面油彩；141cm × 91cm；奥赛博物馆，巴黎

图 28

埃德加·德加：
隆尚马场上的赛马

约 1873—1875 年；布面油彩；30cm × 40cm；
波士顿美术博物馆，波士顿

　　在波利尼西亚，马是相对稀罕的动物，直到 16 世纪才从西方引入。但在此画中，高更却把 3 匹马置于热带的伊甸园里，仿佛它们是自然而然的存在。作品的标题源自于前面的白马，是高更过世很久之后丹尼尔·德·蒙弗雷给取的。白马背上无人，但背景中的两匹背上都驮了人。少了高更惯有的标题，我们无从知晓他确切的意图，但那繁茂的植被、丰泽的色彩和裸体人物说明这是一片尘世的乐土，人与自然在这里和谐共处。1901 年，高更搬去希瓦瓦岛（Hiva Oa）后，他重拾马与骑手的主题，有两幅作品显然是受到德加的"巴黎赛马图"影响（图 28）。

46

女人和两个孩子
Woman and Two Children

1901年；布面油彩；97cm×74cm；芝加哥艺术学院（海伦·柏奇·巴勒特收藏），芝加哥

    1901年创作这幅画时，高更终于从塔希提搬往马克萨斯的希瓦瓦岛，并在阿图奥纳镇（Atuona）上开始建造自己的"欢愉之家"。这一时期他的作品数量骤减，大部分作品是对旧主题的重新创作，《女人和两个孩子》便是高更在巴黎创作《爪哇姑娘安娜》（彩色图版40）时已经用过的女性坐姿主题的新作品，次年的《拿扇子的女人》（Woman with a Fan，彩色图版47）又再次回归这一主题。两幅作品中的人物都有种怪异的空间疏离感，人物漠然地注视前方和静态的画面与轮廓清晰的阴影都说明这两幅画取材于照片。这一时期的高更似乎着迷于母性主题。布尔勒基金会收藏的一幅1902年的画作《奉献》（The Offering）依然是母亲与孩子这一主题。除个别肖像画外，高更很少描绘年长的女性，而她们在画中的典型形象也与高更作品中大量的散发着性魅力的年轻女性形成鲜明对比。

47

拿扇子的女人

Woman with a Fan

1902 年；布面油彩；97cm×73cm；弗柯望博物馆，埃森

　　该画中的模特特荷塔奥阿（Tohotaua）将再次出现于《原始故事》（彩色图版 48）中，但该画是基于一张在 1901 年拍摄的女人照片所作的，这张照片在高更死后留在希瓦瓦岛的遗物中被找到。画中的姿势与照片大同小异，但高更做了一些重要的改动。和照片中冷眼打量观看者的眼神不同，画中的女人凝视着虚空，和《穿红裙的女人》（彩色图版 29）中人物的情绪颇为相似。照片中特荷塔奥阿身上穿的纱笼遮住了胸部，而画中的变化给画面增加了露骨的情欲感。扇子的摆放位置也做了微调，以一种挑逗的方式遮掩住她的右胸，和《手拿水果的女人》（彩色图版 37）中的水果有异曲同工之妙。通过这些调整，高更打造出一个典型波利尼西亚妇女的形象——被动而性感。

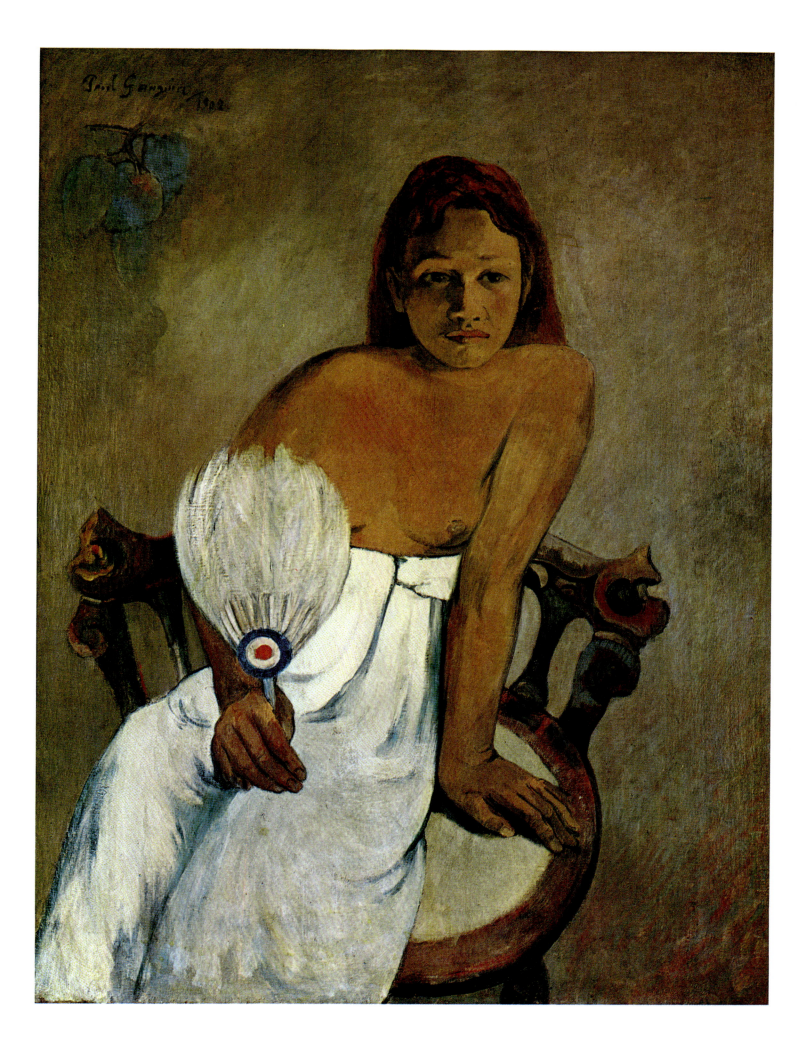

原始故事
Contes Barbares (Primitive Tales)

1902 年；布面油彩；130cm × 89cm；弗柯望博物馆，埃森

图 29
涅槃（迈耶·德哈恩肖像）

1889 年；布面油彩；20cm × 29cm；
沃兹沃斯雅典艺术博物馆，哈特福德

　　在希瓦瓦岛的创作中，高更似乎在尝试对他身上的西方元素与更为"野蛮"的波利尼西亚元素进行调和，而其中的代表就是《原始故事》。画家迈耶·德哈恩的肖像象征着西方，高更曾在布列塔尼同他一起作画，此后便再没见过他。高更随意地使用了这幅肖像，并展示了迈耶·德哈恩性格中恶魔的一面，暗示着西方注定是腐坏的。而东方，则由两个隐忍的波利尼西亚人来代表，一个是《拿扇子的女人》（彩色图版 47）中出现过的红头发模特特荷塔奥阿，另一个黑发女子以经典的佛教姿势盘坐，这或许借鉴了婆罗浮屠寺庙中的图案。

　　作品标题的意义不明。在他最后的作品中，高更放弃了早期给画作起名的做法，但此画是个例外。3 个人物沉静的凝视意味着他们并不是在相互交流，而是试图向观者传达些什么。

"彩色艺术经典图书馆"系列介绍

这是一套系统、专业地解读艺术，将全人类的艺术精华呈现在读者面前的丛书。

整套丛书共有46册，精选在艺术史中占据重要地位的38位艺术家及8大风格流派辑录而成，撰文者均为相关领域专家巨擘。在西方国家，该丛书被奉为"艺术教科书"，畅销40多年，为无数的艺术从业者和艺术爱好者整体、透彻地了解艺术发展、领悟艺术真谛提供了绝佳的途径。

丛书中每一册都有鞭辟入里的专业鉴赏文字，搭配大尺寸惊艳彩图，帮助读者深入探寻这些生而为艺的艺术大师，或波澜壮阔，或戏剧传奇，或跌宕起伏，或困窘落寞的生命记忆，展现他们在缤纷各异的艺术生涯里的狂想、困惑、顿悟以及突破，重构一个超乎想象而又变化莫测的艺术世界。

无论是略读还是钻研艺术，本套丛书皆是不可错过的选择，值得每个人拥有！

以下是"彩色艺术经典图书馆"丛书分册：
（按书名汉字笔画排列）

凡·高
威廉·乌德 著

马奈
约翰·理查森 著

马格利特
理查德·卡沃科雷西 著

戈雅
恩里克塔·哈里斯 著

卡纳莱托
克里斯托弗·贝克 著

卡拉瓦乔
蒂莫西－威尔逊·史密斯 著

印象主义
马克·鲍威尔－琼斯 著

立体主义
菲利普·库珀 著

西斯莱
理查德·肖恩 著

达·芬奇
派翠西亚·艾米森 著

达利
克里斯托弗·马斯特斯 著

毕加索
罗兰·彭罗斯
大卫·洛马斯 著

毕沙罗
克里斯托弗·劳埃德 著

丢勒
马丁·贝利 著

伦勃朗
迈克尔·基特森 著

克里姆特
凯瑟琳·迪恩 著

克利
道格拉斯·霍尔 著

拉斐尔前派
安德列·罗斯 著

罗塞蒂
大卫·罗杰斯 著

图卢兹－劳特累克
爱德华·露西－史密斯 著

庚斯博罗
尼古拉·卡林斯基 著

波普艺术
杰米·詹姆斯 著

勃鲁盖尔
基思·罗伯茨 著

莫奈
约翰·豪斯 著

莫迪里阿尼
道格拉斯·霍尔 著

荷尔拜因
海伦·兰登 著

荷兰绘画
克里斯托弗·布朗 著

夏尔丹
加布里埃尔·诺顿 著

夏加尔
吉尔·鲍伦斯基 著

恩斯特
伊恩·特平 著

透纳
威廉·冈特 著

高更
艾伦·鲍内斯
莱斯利·史蒂文森 著

席勒
克里斯托弗·肖特 著

浮世绘
杰克·希利尔 著

康斯太勃尔
约翰·桑德兰 著

维米尔
马丁·贝利 著

超现实主义绘画
西蒙·威尔逊 著

博纳尔
朱利安·贝尔 著

惠斯勒
弗朗西丝·斯波尔丁 著

蒙克
约翰·博尔顿·史密斯 著

雷诺阿
威廉·冈特 著

意大利文艺复兴绘画
莎拉·埃利奥特 著

塞尚
凯瑟琳·迪恩 著

德加
基思罗·伯茨 著

P.Gauguin